Y. 5520.
Ad. 5.

ŒUVRES
DE
MOLIERE,
NOUVELLE ÉDITION

Enrichie de Figures en taille-douce.

TOME CINQUIEME.

A AMSTERDAM,

AUX DÉPENS DE LA COMPAGNIE.

M. DCC. LXXII.

TABLE
DES PIECES CONTENUES

dans ce cinquiéme Volume.

AMPHITRYON.

L'AVARE.

GEORGE DANDIN.

FÊTES DE VERSAILLES en 1688.

AMPHITRYON,
COMÉDIE.

A SON ALTESSE SÉRÉNISSIME

MONSEIGNEUR

LE PRINCE.

Monseigneur,

N'en déplaife à nos beaux efprits, je ne vois rien de plus ennuyeux que les Epitres dédicatoires ; & Votre Altesse Sérénissime trouvera bon, s'il lui plaît, que je ne fuive point ici le ftyle de ces Meffieurs-là, & refufe de me fervir de deux ou trois miférables penfées qui ont été tournées & retournées tant de fois, qu'elles font ufées de tous les côtés. Le nom du grand CONDÉ eft un nom trop glorieux, pour le traiter comme on fait tous les autres noms. Il ne faut l'appliquer, ce nom illuftre, qu'à des emplois qui foient dignes de lui ; &, pour dire de belles chofes, je voudrois parler de le mettre à la tête d'une Armée, plutôt qu'à la tête d'un Livre ; & je conçois bien mieux ce qu'il eft capable de faire, en l'oppofant aux forces des ennemis de cet Etat, qu'en l'oppofant à la critique des ennemis d'une Comédie.

Ce n'eft pas, Monseigneur, que la glorieufe approbation de V. A. S. ne fût une puiffante protection pour toutes ces fortes d'Ouvrages, & qu'on ne foit perfuadé des lumieres de votre efprit, autant que de l'intrépidité de votre cœur, & de la grandeur de votre ame. On fçait, par toute la terre, que l'éclat de votre mérite n'eft point renfermé dans les bornes de cette valeur indomptable, qui fe fait des adorateurs

ÉPITRE.

chez ceux mêmes qu'elle furmonte ; qu'il s'étend, ce mérite, jufqu'aux connoiffances les plus fines & les plus relevées ; & que les décifions de votre jugement fur tous les ouvrages d'efprit, ne manquent point d'être fuivis par le fentiment des plus délicats. Mais on fçait auffi, MONSEIGNEUR, que toutes ces glorieufes approbations dont nous nous vantions au public, ne nous coûtent rien à faire imprimer, & que ce font des chofes dont nous difpofons comme nous voulons. On fçait, dis-je, qu'une Épitre dédicatoire dit tout ce qu'il lui plaît, & qu'un Auteur eft en pouvoir d'aller faifir les Perfonnes les plus auguftes, & de parer de leurs grands noms les premiers feuillets de fon Livre ; qu'il a la liberté de s'y donner, autant qu'il veut, l'honneur de leur eftime, & fe faire des Protecteurs qui n'ont jamais fongé à l'être.

Je n'abuferai, MONSEIGNEUR, ni de votre nom, ni de vos bontés, pour combattre les Cenfeurs de l'Amphitryon, & m'attribuer une gloire que je n'ai peut-être pas méritée, & je ne prends la liberté de vous offrir ma Comédie, que pour avoir lieu de vous dire que je regarde inceffamment, avec une profonde vénération, les grandes qualités que vous joignez au fang augufte dont vous tenez le jour, & que je fuis, MONSEIGNEUR, avec tout le refpect poffible & le zèle imaginable,

DE VOTRE ALTESSE SÉRÉNISSIME,

Le très-humble, très-obéiffant & très-obligé ferviteur, MOLIERE.

ACTEURS DU PROLOGUE.

MERCURE.
LA NUIT.

ACTEURS DE LA COMÉDIE.

JUPITER, sous la figure d'Amphitryon.
MERCURE, sous la figure de Sosie.
AMPHITRYON, Général des Thébains.
ALCMENE, Femme d'Amphitryon.
CLÉANTHIS, Suivante d'Alcmene, & Femme de Sosie.
ARGATIPHONTIDAS,
NAUCRATES,
POLIDAS,
PAUSICLES,
} Capitaines Thébains.
SOSIE, Valet d'Amphitryon,

La Scene est à Thebes, devant le Palais d'Amphitryon.

Tome III

PROLOGUE D'AMPHITRION

AMPHITRYON, COMEDIE.

PROLOGUE.

MERCURE *sur un nuage*, LA NUIT *dans un char traîné dans l'air par deux chevaux.*

MERCURE.

Tout beau, charmante Nuit, daignez vous arrêter.
Il est certain secours, que de vous on desire;
 Et j'ai deux mots à vous dire
 De la part de Jupiter.
LA NUIT.
 Ah, ah! C'est vous, Seigneur Mercure!
Qui vous eût deviné-là, dans cette posture?
MERCURE.
Ma foi, me trouvant las, pour ne pouvoir fournir
Aux différens emplois où Jupiter m'engage,
Je me suis doucement assis sur ce nuage,
 Pour vous attendre venir.
LA NUIT.
Vous vous moquez, Mercure, & vous n'y songez pas.
Sied-il bien à des Dieux de dire qu'ils sont las?
MERCURE.
Les Dieux sont-ils de fer?
LA NUIT.
   Non, mais il faut sans cesse,
Garder le décorum de la Divinité.

A 4

Il est de certains mots dant l'usage rabaisse,
Cette sublime qualité,
Et que, pour leur indignité,
Il est bon qu'aux hommes on laisse.
MERCURE.
A votre aise vous en parlez ;
Et vous avez, la belle, une chaise roulante,
Où, pa deux bons chevaux, en Dame nonchalante,
Vous vous faites traîner par-tout ou vous voulez.
Mais de moi ce n'est pas de même ;
Et je ne puis vouloir, dans mon destin fatal,
Aux Poëtes assez de mal
De leur impertinence extrême,
D'avoir, par une injuste loi
Dont on veut maintenir l'usage,
A chaque Dieu, dans son emploi,
Donné quelque allure en partage,
Et de me laisser à pied, moi,
Comme un messager de village ;
Moi qui suis, comme on sçait, en terre & dans les cieux,
Le fameux messager du souverain des Dieux ;
E qui, sans rien exagérer,
Par tous les emplois qu'il me donne,
Aurois besoin, plus que personne,
D'avoir de quoi me voiturer.
LA NUIT.
Que voulez-vous faire à cela ?
Les Poëtes font à leur guise.
Ce n'est pas la seule sottise ;
Qu'on voit faire à ces Messieurs-là.
Mais contr'eux toutefois votre ame à tort s'irrite,
Et vos ailes aux pieds sont un don de leurs soins.
MERCURE.
Oui ; mais pour aller plus vîte,
Est-ce qu'on s'en lasse moins ?
LA NUIT.
Laissons cela, Seigneur Mercure,

PROLOGUE.

Et sçachons ce dont il s'agit.
MERCURE.
C'est Jupiter, comme je vous l'ai dit,
Qui, de votre manteau veut la faveur obscure
Pour certaine douce aventure,
Qu'un nouvel amour lui fournit.
Ses pratiques je crois ne vous sont point nouvelles,
Bien souvent pour la terre, il néglige les Cieux ;
Et vous n'ignorez pas que ce maître des Dieux.
Aime à s'humaniser pour des beautés mortelles,
Et sçait cent tours ingénieux,
Pour mettre à bout les plus cruelles.
Des yeux d'Alcmene il a senti les coups,
Et tandis qu'au milieu des Boétiques plaines,
Amphitryon son époux
Commande aux Troupes Thébaines,
Il en a pris la forme ; & reçoit, là-dessous,
Un soulagement à ses peines,
Dans la possession des plaisirs les plus doux.
L'état des mariés à ses feux est propice,
L'hymen ne les a joints que depuis quelques jours :
Et la jeune chaleur de leurs tendres amours
A fait que Jupiter, à ce bel artifice,
S'est avisé d'avoir recours.
Son stratagême ici se trouve salutaire.
Mais, près de maint objet chéri,
Pareil déguisement seroit pour ne rien faire ;
Et ce n'est pas par tout un bon moyen de plaire,
Que la figure d'un mari.
LA NUIT.
J'admire Jupiter ; & je ne comprends pas
Tous les déguisemens qui lui viennent en tête.
MERCURE.
Il veut goûter par-là toutes sortes d'étas ;
Et c'est agir en Dieu qui n'est pas bête.
Dans quelque rang qu'il soit des mortels regardé,
Je le tiendrois fort misérable,
S'il ne quittoit jamais sa mine redoutable,

AMPHITRYON,

Et qu'au faîte des Cieux il fût toujours guindé.
Il n'est point à mon gré de plus sotte méthode,
Que d'être emprisonné toujours dans sa grandeur;
Et sur-tout, aux transports de l'amoureuse ardeur,
La haute qualité devient fort incommode.
Jupiter qui, sans doute, en plaisirs se connoît
Sçait descendre du haut de sa gloire suprême;
    Et pour entrer dans tout ce qui lui plaît,
        Il sort tout-à-fait de lui-même,
Et ce n'est plus alors Jupiter qui paroît.

LA NUIT.

Passe encor de le voir, de ce sublime étage,
        Dans celui des hommes à venir,
Prendre tous les transports que le cœur peut fournir,
        Et se faire à leur badinage,
Si dans les changemens où son humeur l'engage,
A la nature humaine il s'en vouloit tenir.
      Mais de voir Jupiter Taureau,
    Serpent, Cygne, ou quelqu'autre chose,
      Je ne trouve point cela beau,
Et ne m'étonne pas si, par fois, on en cause.

MERCURE.

    Laissons dire tous les censeurs.
    Tels changemens ont leurs douceurs
    Qui passent leur intelligence.
Ce Dieu sçait ce qu'il fait aussi-bien là qu'ailleurs;
Et, dans les mouvemens de leurs tendres ardeurs,
Les bêtes ne sont, si bêtes que l'on pense.

LA NUIT.

Revenons à l'objet dont il a les faveurs.
Si, par son stratagême, il voit sa flamme heureuse
Que peut-il souhaiter, & qu'est-ce que je puis?

MERCURE.

Que vos chevaux, par vous, aux petits pas réduits,
Pour satisfaire aux vœux de son ame amoureuse,
      D'une nuit si délicieuse,
    Fassent la plus longue des nuits;

PROLOGUE

Qu'à ses transports vous donniez plus d'espace,
Et retardiez la naissance du jour,
Qui doit avancer le retour
De celui dont il tient la place.

LA NUIT.

Voilà sans doute un bel emploi
Que le grand Jupiter m'aprête ;
Et l'on donne un nom fort honnête
Au service qu'il veut de moi.

MERCURE.

Pour une jeune Déesse,
Vous êtes bien du bon tems !
Un tel emploi n'est que bassesse
Que chez les petites gens.
Lorsque, dans un haut rang, on a l'heur de paroître,
Tout ce qu'on fait est toujours bel & bon ;
Et, suivant ce qu'on peut être,
Les choses changent de nom.

LA NUIT.

Sur de pareilles matieres
Vous en sçavez plus que moi ;
Et, pour accepter l'emploi,
J'en veux croire vos lumieres.

MERCURE.

Hé, là, là, Madame la Nuit,
Un peu doucement, je vous prie ;
Vous avez dans le monde un bruit
De n'être pas si renchérie.
On vous fait confidente, en cent climats divers,
De beaucoup de bonnes affaires ;
Et je crois, à parler à sentimens ouverts,
Que nous ne nous en devons guéres.

LA NUIT.

Laissons ces contrariétés ;
Et demeurons ce que nous sommes.
N'aprétons point à rire aux hommes,
En nous disant nos vérités.

MERCURE.
Adieu. Je vais là-bas, dans ma commission,
Dépouiller promptement la forme de Mercure,
Pour y vêtir la figure
Du valet d'Amphitryon.
LA NUIT.
Moi, dans cet hémisphére, avec ma suite obscure,
Je vais faire une station.
MERCURE.
Bon jour, la Nuit.
LA NUIT.
Adieu, Mercure.

(*Mercure descend de son nuage, & la Nuit traverse le Théatre.*)

Fin du Prologue.

AMPHITRION

AMPHITRYON,
COMÉDIE.

ACTE PREMIER.

SCENE PREMIERE.

SOSIE.

Ui va là ? Hé ? ma peur à chaque pas
s'accroît.
Meſſieurs, amis, de tout le monde.
Ah ! quelle audace ſans ſeconde,
De marcher à l'heure qu'il eſt !
Que mon maître couvert de gloire
Me joue ici d'un vilain tour !
Quoi ! ſi pour ſon prochain il avoit quelque amour,
M'auroit-il fait partir par une nuit ſi noire ?
Et, pour me renvoyer annoncer ſon retour,

Et le détail de sa victoire,
Ne pouvoit-il pas bien attendre qu'il fut jour ?
Sosie, à quelle servitude
Tes jours sont-ils assujettis
Notre sort est beaucoup plus rude
Chez les grands que chez les petits.
Ils veulent que, pour eux, tout soit dans la nature,
Obligé de s'immoler.
Jour & nuit, grêle, vent, péril, chaleur, froidure,
Dès qu'ils parlent il faut voler.
Vingt ans d'assidu service
N'en obtiennent rien pour nous ;
Le moindre petit caprice
Nous attirent leur courroux.
Cependant notre ame insensée
S'acharne au vain honneur de demeurer près d'eux ;
Et s'y veut contenter de la fausse pensée
Qu'ont tous les autres gens, que nous sommes heureux.
Vers la retraite, en vain, la raison nous appelle,
En vain notre dépit quelquefois y consent ;
Leur vue a sur notre zèle
Un ascendant trop puissant,
Et la moindre faveur d'un coup d'œil caressant
Nous rengage de plus belle.
Mais enfin, dans l'obscurité,
Je vois notre maison, & ma frayeur s'évade.
Il me faudroit pour l'ambassade
Quelque discours prémédité.
Je dois aux yeux d'Alcmene un portrait militaire
Du grand combat qui met nos ennemis à bas ;
Mais comment diantre le faire,
Si je ne m'y trouvai pas ?
N'importe, parlons-en & d'estoc & de taille,
Comme occulaire témoin.
Combien de gens font-ils des recits de batailles,
Dont ils se sont tenus loin ?
Pour jouer mon rôle sans peine,

COMEDIE. 15

Je le veux un peu repaſſer.
Voici la chambre où j'entre en courier que l'on mene,
  Et cette lanterne eſt Alcmene,
  A qui je me dois adreſſer,
  (*Soſie poſe ſa lanterne à terre.*)
Madame, Amphitryon mon maître & votre époux...
Bon. Beau début ! L'eſprit toujours plein de vos charmes,
  M'a voulu choiſir entre tous,
Pour vous donner avis du ſuccès de ſes armes,
Et du deſir qu'il a de ſe voir près de vous.
  Ah ! Vraiment, mon pauvre Soſie,
  A te revoir, j'ai de la joie au cœur.
  Madame, ce m'eſt trop d'honneur,
  Et mon deſtin doit faire envie.
Bien répondu ! *Comment ſe porte Amphitryon.*
  Madame en homme de courage,
Dans les occaſions où la gloire l'engage.
  Fort bien. Belle conception !
  Quand viendra-t-il, par ſon retour charmant,
  Rendre mon ame ſatisfaite !
Le plutôt qu'il pourra, Madame, aſſurément,
Mais pien plus tard que ſon cœur ne ſouhaite.
Ah ! *Mais quel eſt l'état où la guerre l'a mis ?*
Que dit-il ? Que fait-il ? Contente un peu mon ame.
  Il dit moins qu'il ne fait, Madame,
  Et fait trembler les ennemis.
Peſte ! où prend mon eſprit toutes ces gentilleſſes ?
Que font les révoltés; dis-moi, quel eſt leur ſort ?
Ils n'ont pu réſiſter, Madame, à notre effort;
  Nous les avons taillés en pieces,
  Mis Ptérélas leur chef à mort,
Pris Télébe d'aſſaut ; & déjà, dans le port,
  Tout retentir de nos proueſſes.
Ah, quel ſuccès! O Dieux! Qui l'eût pu jamais croire ?
  Raconte-moi, Soſie, un tel événement.
Je le veux bien, Madame; & ſans m'enfler de gloire,

Du détail de cette victoire
Je puis parler très-sçavamment.
Figurez-vous donc que Télebe,
Madame, est de ce côté ;
(*Sofie marque les lieux sur sa main.*)
C'est une ville, en vérité,
Aussi grande quasi que Thébe.
La riviere est comme là.
Ici nos gens se campérent,
Et l'espace que voilà,
Nos ennemis l'occupérent.
Sur un haut, vers cet endroit,
Etoit leur Infanterie ;
Et plus bas, du côté droit,
Etoit la Cavalerie.
Après avoir aux Dieux, adressé les prieres,
Tous les ordres donnés, on donne le signal ;
Les ennemis pensant nous tailler des croupieres,
Firent trois pelotons de leurs gens à cheval ;
Mais leur chaleur par nous fut bientôt réprimée,
Et vous allez voir comme quoi.
Voilà notre avant-garde à bien faire animée ;
Là, les archers de Créon notre Roi ;
Et voici le corps d'armée,
(*On fait un peu de bruit.*)
Qui d'abord... Attendez, le corps d'armée a peur,
J'entends quelque bruit ce me semble.

SCÈNE II.

MERCURE, SOSIE.

MERCURE *sous la figure de Sosie, sortant de la maison d'Amphitryon.*

Sous ce minois qui lui ressemble,
Chassons de ces lieux ce causeur,
Dont l'abord importun troubleroit la douceur
Que nos amans goûtent ensemble.
SOSIE *sans voir Mercure.*
Mon cœur, tant soit peu se rassure,
Et je pense que ce n'est rien.
Crainte pourtant de sinistre aventure,
Allons chez nous achever l'entretien.
MERCURE *à part.*
Tu seras plus fort que Mercure,
Ou je t'en empêcherai bien.
SOSIE *sans voir Mercure.*
Cette nuit en longueur, me semble sans pareille.
Il faut, depuis le tems que je suis en chemin,
Ou que mon maître ait pris le soir pour le matin,
Ou que, trop tard, au lit, le blond Phœbus sommeille,
Pour avoir trop pris de son vin.
MERCURE *à part.*
Comme avec irrévérence
Parle des Dieux ce maraud !
Mon bras sçaura bien tantôt
Châtier cette insolence ;
Et je vais m'égayer avec lui comme il faut,
En lui volant son nom avec sa ressemblance.
SOSIE *appercevant Mercure d'un peu loin.*
Ah ! par ma foi, j'avois raison ;
C'est fait de moi, chétive créature.

Je vois, devant notre maison,
Certain homme, dont l'encolûre
Ne me présage rien de bon.
Pour faire semblant d'assurance,
Je veux chanter un peu d'ici.
(*Il chante.*)

MERCURE.
Qui donc est ce coquin qui prend tant de licence
Que de chanter, & m'étourdir ainsi ?
(*A mesure que Mercure parle, la voix de Sosie s'affoiblit peu à peu.*)
Veut-il qu'à l'étriller ma main un peu s'applique ?

SOSIE à part.
Cet homme, assurément, n'aime pas la musique.

MERCURE.
Depuis plus d'une semaine,
Je n'ai trouvé personne à qui rompre les os ;
La vigueur de mon bras se perd dans le repos,
Et je cherche quelque dos,
Pour me remettre en haleine.

SOSIE à part.
Quel diable d'homme est ceci ?
De mortelles frayeurs je sens mon ame atteinte.
Mais pourquoi trembler tant aussi ?
Peut-être a-t-il, dans l'ame, autant que moi de crainte ;
Et que le drôle parle ainsi,
Pour me cacher sa peur, sous une audace feinte.
Oui, oui, ne souffrons point qu'on nous croie un oison.
Si je ne suis hardi, tâchons de le paroître.
Faisons-nous du cœur par raison.
Il est seul comme moi ; je suis fort ; j'ai bon maître ;
Et voilà notre maison.

MECURE.
Qui va là ?

SOSIE.
Moi.

COMEDIE.

MERCURE.
Qui moi ?
SOSIE.
(à part.)
Moi. Courage, Sosie.
MERCURE.
Quel est ton sort ? Dis-moi.
SOSIE.
D'être homme, & de parler.
MERCURE.
Es-tu maître, ou valet ?
SOSIE.
Comme il me prend envie.
MERCURE.
Où s'adressent tes pas ?
SOSIE.
Où j'ai dessein d'aller.
MERCURE.
Ah ! ceci me déplaît.
SOSIE.
J'en ai l'ame ravie.
MERCURE.
Résolument, par force, ou par amour,
Je veux sçavoir de toi, traître,
Ce que tu sçais, d'où tu viens avant jour,
Où tu vas, à qui tu peux être.
SOSIE.
Je fais le bien & le mal tour à tour.
Je viens de-là, vais-là, j'appartiens à mon maître.
MERCURE.
Tu montres de l'esprit, & je te vois en train
De trancher avec moi de l'homme d'importance.
Il me prend un desir, pour faire connoissance,
De te donner un soufflet de ma main.
SOSIE.
A moi-même ?
MERCURE.
A toi-même, & t'en voilà certain.
(*Mercure donne un soufflet à Sosie.*)

SOSIE.
Ah, ah! c'est tout de bon?
MERCURE.
Non, ce n'est que pour rire,
Et répondre à tes quolibets,
SOSIE.
Tudieu! L'ami, sans vous rien dire,
Comme vous baillez des soufflets!
MERCURE.
Ce sont-là de mes moindres coups,
De petits soufflets ordinaires.
SOSIE.
Si j'étois aussi prompt que vous,
Nous ferions de belles affaires.
MERCURE.
Tout cela n'est encore rien,
Nous verrons bien autre chose ;
Pour y faire quelque pause,
Poursuivons notre entretien.
SOSIE.
Je quitte la partie.
MERCURE *arrêtant Sosie.*
Où vas-tu?
SOSIE.
Que t'importe?
MERCURE.
Je veux sçavoir où tu vas.
SOSIE.
Me faire ouvrir cette porte.
Pourquoi retiens-tu mes pas?
RERCURE.
Si jusqu'à l'approcher tu pousses ton audace?
Je fais sur toi pleuvoir un orage de coups.
SOSIE.
Quoi! Tu veux, par ta menace,
M'empêcher d'entrer chez nous?
MERCURE.
Comment chez nous?

COMEDIE.
SOSIE.
Oui, chez nous.
MERCURE.
O le traître !
Tu te dis de cette maiſon ?
SOSIE.
Fort bien. Amphitryon n'en eſt-il pas le maître ?
MERCURE.
Hé bien, que fait cette raiſon ?
SOSIE.
Je ſuis ſon valet.
MERCURE.
Toi ?
SOSIE.
Moi.
MERCURE.
Son valet ?
SOSIE.
Sans doute.
MERCURE.
Valet d'Amphitryon ?
SOSIE.
D'Amphitryon, de lui.
MERCURE.
Ton nom eſt ?
SOSIE.
Soſie.
MERCURE.
Hé, comment?
SOSIE.
Soſie.
MERCURE.
Ecoute.
Sçais-tu que de ma main je t'aſſomme aujourd'hui ?
SOSIE.
Pourquoi ? De quelle rage eſt ton ame ſaiſie ?

MERCURE.
Qui te donne, dis-moi, cette témérité
De prendre le nom de Sofie?
SOSIE.
Moi? Je ne le prends point; je l'ai toujours porté.
MERCURE.
O le menfonge horrible, & l'impudence extrême!
Tu m'ofes foutenir que Sofie eft ton nom?
SOSIE.
Fort bien. Je le foutiens par la grande raifon
Qu'ainfi l'a fait des Dieux la puiffance fuprême;
Et qu'il n'eft pas en moi de pouvoir dire non,
Et d'être un autre que moi-même.
MERCURE.
Mille coups de bâton doivent être le prix
D'une pareille effronterie.
SOSIE *battu par Mercure.*
Juftice, citoyens. Au fecours, je vous prie.
MERCURE.
Comment, bourreau, tu fais des cris!
SOSIE.
De mille coups tu me meurtris,
Et tu ne veux pas que je crie?
MERCURE.
C'eft ainfi que mon bras.....
SOSIE.
L'action ne vaut rien.
Tu triomphes de l'avantage
Que te donne fur moi mon manque de courage,
Et ce n'eft pas en ufer bien.
C'eft pure fanfaronnerie
De vouloir profiter de la poltronnerie.
De ceux qu'attaque notre bras.
Battre un homme à jeu fûr n'eft pas d'une belle ame;
Et le cœur eft digne de blâme,
Contre les gens qui n'en ont pas.
MERCURE.
Hé bien, es-tu Sofie à préfent? Qu'en dis-tu?

COMEDIE.

SOSIE.

Tes coups n'ont point en moi fait de métamorphose,
Et tout le changement que je trouve à la chose,
  C'est d'être Sosie battu.

MERCURE *menaçant Sosie.*

Encor ? Cent autres coups pour cette autre impudence.

SOSIE.

  De grace, fait tréve à tes coups.

MERCURE.

  Fais donc tréve à ton insolence.

SOSIE.

Tout ce qu'il te plaira, je garde le silence.
La dispute est par trop inégale entre nous.

MERCURE.

  Es-tu Sosie encor ? Di, traître ?

SOSIE.

  Hélas, je suis ce que tu veux.
Dispose de mon sort tout au gré de tes vœux :
  Ton bras t'en a fait le maître.

MERCURE.

Ton nom étoit Sosie, à ce que tu disois ?

SOSIE.

Il est vrai, jusqu'ici j'ai cru la chose claire ;
  Mais ton bâton, sur cette affaire,
  M'a fait voir que je m'abusois.

MERCURE.

C'est moi qui suis Sosie, & tout Thebes l'avoue ;
Amphitryon jamais n'en eut d'autre que moi.

SOSIE.

Toi, Sosie ?

MERCURE.

  Oui, Sosie ; & si quelqu'un s'y joue,
  Il peut bien prendre garde à soi.

SOSIE *à part.*

Ciel ! Me faut-il ainsi renoncer à moi-même,
Et par un imposteur me voir voler mon nom ?

AMPHITRYON,

Que son bonheur est extrême
De ce que je suis poltron !
Sans cela, par la mort.....

MERCURE.

Entre tes dents, je pense,
Tu murmures je ne sçais quoi ?

SOSIE.

Non ; mais, au nom des Dieux, donne-moi la licence
De parler un moment à toi.

MERCURE.

Parle.

SOSIE.

Mais promets-moi, de grace,
Que les coups n'en seront point.
Signons une tréve.

MERCURE.

Passe ;
Va, je t'accorde ce point.

SOSIE.

Qui te jette, dis-moi, dans cette fantaisie ?
Que te reviendra-t-il de m'enlever mon nom ?
Et peux-tu faire, enfin, quand tu serois démon,
Que je ne sois pas moi, que je ne sois Sosie ?

MERCURE *levant le bâton sur Sosie.*

Comment ? Tu peux....

SOSIE.

Ah, tout doux;
Nous avons fait tréve aux coups.

MERCURE.

Quoi ? Pendard, imposteur, coquin....

SOSIE.

Pour des injures,
Dis-m'en tant que tu voudras ;
Ce sont légeres blessures,
Et je ne m'en fâche pas.

MERCURE.

Tu te dis Sosie ?

SOSIE

COMEDIE.

SOSIE.

Oui. Quelque conte frivole....

MERCURE.

Sus, je romps notre treve, & reprends ma parole.

SOSIE.

N'importe. Je ne puis m'anéantir pour toi,
Et souffrir un discours si loin de l'apparence.
Etre ce que je suis, est-il en ta puissance ?
   Et puis-je cesser d'être moi ?
S'avisa-t-on jamais d'une chose pareille !
Et peut-on démentir cent indices pressans ?
   Rêvai-je ? Est-ce que je sommeille ?
Ai-je l'esprit troublé par des transports puissans ?
   Ne sens-je pas bien que je veille ?
   Ne suis je pas dans mon bon sens ?
Mon maître Amphitryon ne m'a-t-il pas commis
A venir en ces lieux vers Alcmene sa femme ?
Ne lui dois-je pas faire, en lui vantant sa flamme,
Un recit de ses faits contre nos ennemis ?
Ne suis-je pas du port arrivé tout à l'heure ?
   Ne tiens-je pas une lanterne en main ?
Ne te trouvai-je pas devant notre demeure ?
Ne t'y parlai-je pas d'un esprit tout humain ?
Ne te tiens-tu pas fort de ma poltronnerie ?
   Pour m'empêcher d'entrer chez nous,
N'as-tu pas sur mon dos exercé ta furie ?
   Ne m'as-tu pas roué de coups ?
  Ah ! tout cela n'est que trop véritable,
   Et, plût au Ciel, le fût-il moins !
Cesse donc d'insulter au sort d'un misérable ;
Et laisse à mon devoir s'acquitter de ses soins.

MERCURE.

Arrête, ou, sur ton dos, le moindre pas attire
Un assommant éclat de mon juste courroux.
   Tout ce que tu viens de dire
   Est à moi hormis les coups.

SOSIE.

Ce matin, du vaisseau, plein de frayeur en l'ame,

Cette lanterne sçait comme je suis parti.
Amphitryon, du camp, vers Alcmene sa femme,
M'a-t-il pas envoyé ?
MERCURE.
Vous en avez menti.
C'est moi qu'Amphitryon députe vers Alcmene ;
Et qui, du port Persique arrive de ce pas.
Moi, qui viens annoncer la valeur de son bras,
Qui nous fait remporter une victoire pleine ;
Et de nos ennemis a mis le Chef à bas.
C'est moi qui suis Sosie enfin, de certitude,
Fils de Dave, honnête berger,
Frere d'Arpage, mort en pays étranger ;
Mari de Cléanthis la prude,
Dont l'humeur me fait enrager ;
Qui, dans Thebe, ai reçu mille coups d'étriviere
Sans en avoir jamais dit rien ;
Et jadis, en public, fus marqué par derriere,
Pour être trop homme de bien.
SOSIE bas à part.
Il a raison. A moins d'être Sosie,
On ne peut pas sçavoir tout ce qu'il dit ;
Et, dans l'étonnement dont mon ame est saisie,
Je commence, à mon tour, à le croire un petit.
En effet, maintenant que je le considere,
Je vois qu'il a de moi taille, mine, action,
Faisons-lui quelque question,
Afin d'éclaircir ce mystere.
(*haut.*)
Parmi tout le butin fait sur nos ennemis,
Qu'est-ce qu'Amphitryon, obtint pour son partage ?
MERCURE.
Cinq fort gros diamans en nœud proprement mis,
Dont leur Chef se paroit comme d'un rare ouvrage.
SOSIE.
A qui destine-t-il un si riche present ?
MERCURE.
A sa femme ; &, sur elle, il le veut voir paroître.

COMEDIE.

SOSIE.
Mais où, pour l'apporter, est-il mis à present?
MERCURE.
Dans un coffret scellé des armes de mon maître.
SOSIE *bas à part.*
Il ne ment pas d'un mot, à chaque répartie ;
Et, de moi, je commence à douter tout de bon.
Près de moi, par la force, il est déjà Sosie ;
Il pourroit bien encore l'être par la raison.
Pourtant quand je me tâte, & que je me rapelle,
  Il me semble que je suis moi.
Où puis-je rencontrer quelque clarté fidelle
  Pour démêler ce que je voi?
Ce que j'ai fait tout seul, & que n'a vu personne,
A moins d'être moi-même, on ne le peut sçavoir.
Par cette question il faut que je l'étonne ;
C'est de quoi le confondre, & nous allons le voir.
  (*haut.*)
Lorsqu'on étoit aux mains, que fis-tu dans nos tentes
  Où tu courus seul te fourrer?
MERCURE.
D'un Jambon...
  SOSIE *bas à part.*
  L'y voilà !
MERCURE.
     Que j'allai déterrer,
Je coupai bravement deux tranches succulentes,
  Dont je sçus fort bien me bourrer.
Et joignant à cela d'un vin que l'on ménage,
Et dont, avant le goût, les yeux me contentoient,
  Je pris un peu de courage
  Pour nos gens qui se battoient.
  SOSIE *bas à part.*
  Cette preuve sans pareille,
  En sa faveur conclut bien ;
  Et l'on n'y peut dire rien,
  S'il n'étoit dans la bouteille.

(*haut.*)
Je ne sçaurois nier aux preuves qu'on m'expose,
Que tu ne sois Sosie ; & j'y donne ma voix ;
Mais si tu l'es, dis-moi qui tu veux que je sois ;
Car encor faut-il bien que je sois quelque chose.
MERCURE.
Quand je ne serai plus Sosie,
Sois-le, j'en demeure d'accord ;
Mais, tant que je le suis, je te garantis mort,
Si tu prends cette fantaisie.
SOSIE.
Tout cet embarras met mon esprit sur les dents,
Et la raison à ce qu'on voit s'oppose.
Mais il faut terminer enfin par quelque chose ;
Et le plus court pour moi, c'est d'entrer là-dedans.
MERCURE.
Ah ! tu prends donc, pendard, goût à la bastonnade ?
SOSIE *battu par Mercure.*
Ah ! Qu'est-ce-ci grands Dieux ! Il frappe un ton plus
fort ;
Et mon dos pour un mois en doit être malade.
Laissons ce diable d'homme, & retournons au port.
O juste Ciel ! J'ai fait une belle ambassade !
MERCURE *seul.*
Enfin, je l'ai fait fuir, & sous ce traitement,
De beaucoup d'actions il a reçu la peine.
Mais je vois Jupiter, que fort civilement
Reconduit l'amoureuse Alcmene.

SCENE III.

JUPITER *sous la figure d'Amphitryon*,
ALCMENE, CLEANTHIS,
MERCURE.

JUPITER.

Défendez, chere Alcmene, aux flambeaux d'approcher,
Ils m'offrent des plaisirs en m'offrant votre vue ;
Mais ils pourroient ici découvrir ma venue
    Qu'il est à propos de cacher.
Mon amour, que gênoient tous ces soins éclatans
Où me tenoit lié la gloire de nos armes,
Aux devoirs de ma Charge, a volé les instans
    Qu'il vient de donner à vos charmes.
Ce vol qu'à vos beautés mon cœur a consacré
Pourroit être blâmé dans la bouche publique ;
    Et j'en veux pour témoin unique
    Celle qui peut m'en sçavoir gré.

ALCMENE.

Je prends, Amphitryon, grande part à la gloire
Que répandent sur vous vos illustres exploits ;
    Et l'éclat de votre victoire
Sçait toucher de mon cœur les sensibles endroits ;
    Mais quand je vois que cet honneur fatal
    Eloigne de moi ce que j'aime,
Je ne puis m'empêcher dans ma tendresse extrême,
    De lui vouloir un peu de mal ;
Et d'opposer mes vœux à cet ordre suprême,
    Qui des Thébains vous fait le Général.
C'est une douce chose, après une victoire,
Que la gloire où l'on voit ce qu'on aime élevé ;
Mais, parmi les périls mêlés à cette gloire,
Un triste coup, hélas est bientôt arrivé.

B 3

De combien de frayeurs a-t-on l'ame bleſſée,
  Au moindre choc dont on entend parler ?
Voit-on dans les horreurs d'une telle penſée,
   Par où jamais ſe conſoler
   Du coup dont on eſt menacée ?
Et, de quelque laurier qu'on couronne un vainqueur
Quelque part que l'on ait à cet honneur ſuprême,
Vaut-il ce qu'il en coûte aux tendreſſes d'un cœur
Qui peut, à tout moment, trembler pour ce qu'il aime ?

JUPITER.

Je ne vois rien en vous dont mon feu ne s'augmente,
Tout y marque à mes yeux un cœur bien enflammé ;
Et c'eſt, je vous l'avoue, une choſe charmante
De trouver tant d'amour dans un objet aimé.
Mais, ſi je l'oſe dire, un ſcrupule me gêne
Aux tendres ſentimens que vous me faites voir ;
Et, pour les bien goûter, mon amour, cher Alcmene,
Voudroit n'y voir entrer rien de votre devoir,
Qu'à votre ſeule ardeur, qu'à ma ſeule perſonne,
Je duſſe les faveurs que je reçois de vous ;
Et que la qualité que j'ai de votre époux,
  Ne fût point ce qui me les donne.

ALCMENE.

C'eſt de ce nom, pourtant, que l'ardeur qui me brûle
  Tient le droit de paroître au jour ;
Et je ne comprends rien à ce nouveau ſcrupule,
  Dont s'embarraſſe votre amour.

JUPITER.

Ah ! Ce que j'ai pour vous d'ardeur & de tendreſſe,
  Paſſe auſſi celle d'un époux ;
Et vous ne ſçavez pas, dans des momens ſi doux,
  Quelle en eſt la délicateſſe.
Vous ne concevez point qu'un cœur bien amoureux.
Sur cent petits égards s'attache avec étude,
  Et ſe fait une inquiétude
  De la maniere d'être heureux.

COMÉDIE.

En moi, belle & charmante Alcmene,
Vous voyez un mari, vous voyez un amant ;
Mais l'amant seul me touche, à parler franchement,
Et je sens, près de vous, que le mari le gêne.
Cet amant de vos vœux, jaloux au dernier point,
Souhaite qu'à lui seul votre cœur s'abandonne ;
  Et sa passion ne veut point
  De ce que le mari lui donne.
Il veut, de pure source, obtenir vos ardeurs ;
Et ne veut rien tenir des nœuds de l'hymenée,
Rien d'un fâcheux devoir qui fait agir les cœurs,
Et par qui, tous les jours, des plus cheres faveurs
  La douceur est empoisonnée.
Dans le scrupule enfin dont il est combattu,
Il veut, pour satisfaire à sa délicatesse,
Que vous le sépariez d'avec ce qui le blesse ;
Que le mari ne soit que pour votre vertu ;
Et que, de votre cœur de bonté revêtu,
L'amant ait tout l'amour & toute la tendresse.

ALCMENE.

  Amphitryon, en vérité,
 Vous vous moquez de tenir ce langage ;
Et j'aurois peur qu'on ne vous crût pas sage,
  Si de quelqu'un vous étiez écouté.

JUPITER.

 Ce discours est plus raisonnable,
  Alcmene, que vous ne pensez ;
Mais un plus long séjour me rendroit trop coupable ;
Et, du retour au port, les momens sont pressés.
Adieu. De mon devoir l'étrange barbarie
  Pour un tems m'arrache de vous ;
Mais, belle Alcmene, au moins, quand verrez l'époux,
  Songez à l'amant, je vous prie.

ALCMENE.

Je ne sépare point ce qu'unissent les Dieux ;
Et l'époux & l'amant me sont fort précieux.

SCENE IV.
CLÉANTHIS, MERCURE.

CLÉANTHIS *à part.*

Ô Ciel, que d'aimables careſſes
D'un époux ardemment chéri !
Et que mon traître de mari
Eſt loin de toutes ces tendreſſes !
MERCURE *à part.*
La Nuit, qu'il me faut avertir,
N'a plus qu'à plier tous ſes voiles ;
Et, pour effacer les étoiles,
Le ſoleil, de ſon lit, peut maintenant ſortir.
CLÉANTHIS *arrêtant Mercure.*
Quoi ! C'eſt ainſi que l'on me quitte ?
MERCURE.
Et comment donc ? Ne veux-tu pas
Que de mon devoir je m'acquitte ?
Et que d'Amphitryon j'aille ſuivre les pas ?
CLÉANTHIS.
Mais, avec cette bruſquerie,
Traître, de moi te ſéparer ?
MERCURE.
Le beau ſujet de fâcherie !
Nous avons tant de tems enſemble à demeurer.
CLÉANTHIS.
Mais quoi, partir ainſi d'une façon brutale,
Sans me dire un ſeul mot de douceur pour régale ?
MERCURE.
Diantre ! Où veux-tu que mon eſprit,
T'aille chercher des fariboles ?
Quinze ans de mariage épuiſent les paroles ;
Et depuis un long-tems, nous nous ſommes tout dit.

COMEDIE.

CLÉANTHIS.
Regarde, traître, Amphitryon,
Vois combien pour Alcmene il étale de flamme ;
Et rougis, là-dessus, du peu de passion.
Que tu témoignes pour ta femme.

MERCURE.
Hé, mon Dieu ! Cléanthis, ils sont encore amans.
Il est certain âge où tout passe ;
Et ce qui leur sied bien dans ces commencemens,
En nous vieux mariés, auroit mauvaise grace.
Il nous feroit beau voir attachés, face à face,
A pousser les beaux sentimens.

CLÉANTHIS.
Quoi ! Suis-je hors d'état, perfide, d'espérer
Qu'un cœur auprès de moi soupire ?

MERCURE.
Non, je n'ai garde de le dire ;
Mais je suis trop barbon pour oser soupirer,
Et je ferois crever de rire.

CLÉANTHIS.
Mérites-tu, pendard, cet insigne bonheur,
De te voir, pour épouse, une femme d'honneur ?

MERCURE.
Mon Dieu ! Tu n'es que trop honnête,
Ce grand honneur ne me vaut rien.
Ne sois point si femme de bien ;
Et me romps un peu moins la tête.

CLÉANTHIS.
Comment ? De trop bien vivre, on te voit me blâmer ?

MERCURE.
La douceur d'une femme est tout ce qui me charme,
Et ta vertu fait un vacarme
Qui ne cesse de m'assommer.

CLÉANTHIS.
Il te faudroit des cœurs pleins de fausses tendresses,
De ces femmes aux beaux & louables talens,
Qui sçavent acclabler leurs maris de caresses,

Pour leur faire avaler l'usage des galans.
MERCURE.
Ma foi, veux-tu que je te dise ?
Un mal d'opinion ne touche que les sots ;
Et je prendrois pour ma devise,
Moins d'honneur & plus de repos.
CLÉANTHIS.
Comment ? Tu souffrirois, sans nulle répugnance,
Que j'aimasse un galant avec toute licence ?
MERCURE.
Oui, si je n'étois plus de tes cris rebattu,
Et qu'on te vit changer d'humeur & de méthode.
J'aime mieux un vice commode,
Qu'une fatigante vertu.
Adieu, Cléanthis, ma chere ame,
Il me faut suivre Amphitryon.
CLÉANTHIS seule.
Pourquoi, pour punir cet infame,
Mon cœur n'a-t-il assez de résolution ?
Ah ! Que dans cette occasion,
J'enrage d'être honnête femme !

Fin du premier Acte.

ACTE II.

SCENE PREMIERE.
AMPHITRYON, SOSIE.

AMPHITRYON.

Vien-ça, bourreau, vien-ça. Sçais-tu, maître fripon,
Qu'à te faire assommer ton discours peut suffire ;
Et que, pour te traiter comme je le desire,
    Mon courroux n'attend qu'un bâton.

SOSIE.
    Si vous le prenez sur ce ton,
  Monsieur, je n'ai plus rien à dire ;
    Et vous aurez toujours raison.

AMPHITRYON.
Quoi ! Tu veux me donner pour des vérités, traître,
Des contes que je vois d'extravagance outrée ?

SOSIE.
Non, je suis le valet, & vous êtes le maître ;
Il n'en sera, Monsieur, que ce que vous voudrez.

AMPHITRYON.
Ça, je veux étouffer le courroux qui m'enflamme,
Et, tout du long t'ouir sur ta commission.
    Il faut, avant que voir ma femme,
Que je débrouille ici cette confusion.
Rapelle tous tes sens, rentre bien dans ton ame ;
Et réponds, mot pour mot, à chaque question.

SOSIE.
    Mais, de peur d'incongruité,
    Dites-moi, de grace, à l'avance,

De quel air il vous plait que ceci soit traité.
Parlerai-je, Monsieur, selon ma conscience,
Où comme auprès des grands, on le voit usité,
  Faut-l dire la vérité,
  Ou bien user de complaisance ?
  AMPHITRYON.
  Non, je ne te veux obliger,
Qu'à me rendre de tout un compte fort sincere.
   SOSIE.
  Bon. C'est assez, laissez-moi faire ;
  Vous n'avez qu'à m'interroger.
  AMPHITRYON.
Sur l'ordre que tantôt je t'avois sçu prescrire.....
   SOSIE.
Je suis parti, les cieux d'un noir crêpe voilés,
Pestant fort contre vous dans ce fâcheux martyre,
Et maudissant vingt fois l'ordre dont vous parlez.
  AMPHITRYON.
Comment coquin ?
   SOSIE.
 Monsieur, vous n'avez rien qu'à dire ;
 Je mentirai, si vous voulez.
  AMPHITRYON.
Voilà comme un valet montre pour nous du zele.
Passons. Sur les chemins que t'est-il arrivé ?
   SOSIE.
  D'avoir une frayeur mortelle
  Au moindre objet que j'ai trouvé.
  AMPHITRYON.
Poltron !
   SOSIE.
 En nous formant, nature a ses caprices,
Divers penchans en nous elle fait observer.
Les uns, à s'exposer, trouvent mille délices ;
  Moi, j'en trouve à me conserver.
  AMPHITRYON.
Arrivant au logis......

COMEDIE.

SOSIE

J'ai, devant notre porte,
En moi-même, voulu répéter un petit,
Sur quel ton, & de quelle sorte
Je ferois du combat le glorieux recit.

AMPHITRYON.

Ensuite?

SOSIE.

On m'est venu troubler, & mettre en peine.

AMPHITRYON.

Et qui?

SOSIE.

Sofie. Un moi, de vos ordres jaloux,
Que vous avez, du port, envoyé vers Alcmene;
Et qui, de nos secrets, a connoissance pleine,
Comme le moi qui parle à vous.

AMPHITRYON.

Quels contes!

SOSIE.

Non, Monsieur, c'est la vérité pure,
Ce moi, plutôt que moi, s'est au logis trouvé;
Et j'étois venu, je vous jure,
Avant que je fusse arrivé.

AMPHITRYON.

D'où peut procéder, je te prie,
Ce galimathias maudit?
Est-ce songe? Est-ce ivrognerie?
Aliénation d'esprit?
Ou méchante plaisanterie?

SOSIE.

Non, c'est la chose comme elle est,
Et point du tout conte frivole.
Je suis homme d'honneur, j'en donne ma parole;
Et vous m'en croirez, s'il vous plaît.
Je vous dis que, croyant n'être qu'un seul Sofie,
Je me suis trouvé deux chez nous,
Et que, de ces deux moi, piqués de jalousie,
L'un est à la maison, & l'autre est avec vous;

Que le moi, que voici, chargé de laſſitude,
A trouvé l'autre moi frais, gaillard & diſpos,
  Et n'ayant d'autre inquiétude,
  Que de battre & caſſer des os.
AMPHITRYON.
  Il faut être, je le confeſſe,
D'un eſprit bien poſé, bien tranquille, bien doux,
Pour ſouffrir qu'un valet de chanſons me repaiſſe.
SOSIE.
  Si vous vous mettez en courroux,
  Plus de conférence entre nous ;
  Vous ſçavez que d'abord tout ceſſe.
AMPHITRYON.
Non, ſans emportement je te veux écouter ;
Je l'ai promis. Mais dis en bonne conſcience,
Au myſtere nouveau que tu viens me conter,
  Eſt-il quelque ombre d'apparence ;
SOSIE.
Non, vous avez raiſon ; & la choſe à chacun
  Hors de créance doit paroître.
  C'eſt un fait à n'y rien connoître,
Un conte extravagant, ridicule, importun ;
  Cela choque le ſens commun ;
  Mais cela ne laiſſe pas d'être.
AMPHITRYON.
Le moyen d'en rien croire, à moins qu'être inſenſé ?
SOSIE.
Je ne l'ai pas cru, moi, ſans une peine extrême.
Je me ſuis, d'être deux, ſenti l'eſprit bleſſé ;
Et long-tems d'impoſteur, j'ai traité ce moi-même ;
Mais à me reconnoître, enfin il m'a forcé,
J'ai vu que c'étoit moi, ſans aucun ſtratagême ;
Des pieds juſqu'à la tête il eſt comme moi fait,
Beau, l'air noble, bien pris, les manieres charmantes,
  Enfin deux gouttes de lait
  Ne ſont pas plus reſſemblantes ;
Et, n'étoit que ſes mains ſont un peu trop peſantes,
  J'en ſerois fort ſatisfait.

COMEDIE.
AMPHITRYON.
A quelle patience il faut que je m'exhorte!
Mais enfin, n'es-tu pas entré dans la maison?
SOSIE.
Bon, entré? Hé, de quelle sorte?
Ai-je voulu jamais entendre de raison?
Et ne me suis-je pas interdit notre porte?
AMPHITRYON.
Comment donc?
SOSIE.
Avec un bâton,
Dont mon dos sent encore une douleur très-forte.
AMPHITRYON.
On t'a battu?
SOSIE.
Vraiment!
AMPHYTRYON.
Et qui?
SOSIE.
Moi.
AMPHITRYON.
Toi te battre?
SOSIE.
Oui, moi. Non pas le moi d'ici,
Mais le moi du logis, qui frappe comme quatre.
AMPHYTRION.
Te confonde le ciel de me parler ainsi!
SOSIE.
Ce ne sont point des badinages.
Le moi que j'ai trouvé tantôt,
Sur le moi qui vous parle a de grands avantages;
Il a le bras fort, le cœur haut,
J'en ai reçu des témoignages,
Et ce diable de moi m'a rossé comme il faut,
C'est un drôle qui fait des rages.
AMPHITRYON.
Achevons. As-tu vu ma femme?

SOSIE.
Non.
AMPHITRYON.
Pourquoi?
SOSIE.
Par une raison affez forte.
AMPHITRYON.
Qui t'a fait y manquer, maraut? Explique-toi.
SOSIE.
Faut-il le répéter vingt fois de même forte?
Moi, vous dis-je, ce moi, plus robuste que moi,
Ce moi, qui s'est de force emparé de la porte,
 Ce moi, qui m'a fait filer doux,
 Ce moi, qui le seul moi veut être,
 Ce moi, de moi-même jaloux,
 Ce moi vaillant, dont le courroux
 Au moi poltron s'est fait connoître;
 Enfin ce moi, qui suis chez nous,
 Ce moi, qui s'est montré mon maître,
 Ce moi, qui m'a roué de coups.
AMPHITRION.
Il faut que ce matin à force de trop boire,
 Il se soit troublé le cerveau.
SOSIE.
Je veux être pendu, si j'ai bu que de l'eau;
 A mon ferment on m'en peut croire.
AMPHITRYON.
Il faut donc qu'au sommeil tes sens se soient portés,
Et qu'un songe fâcheux, dans ses confus mysteres,
 T'ait fait voir toutes les chimeres,
 Dont tu me fais des vérités.
SOSIE.
Tout aussi peu. Je n'ai point sommeillé,
 Et n'en ai même aucune envie.
 Je vous parle bien éveillé,
J'étois bien éveillé ce matin, sur ma vie;
Et bien éveillé même étoit l'autre Sofie,
 Quand il m'a si bien étrillé.

COMEDIE.

AMPHITRYON.
Suis-moi, je t'impose silence.
C'est trop me fatiguer l'esprit,
Et je suis un vrai fou d'avoir la patience,
D'écouter d'un valet les sottises qu'il dit.

SOSIE *à part.*
Tout les discours sont des sottises,
Partant d'un homme sans éclat.
Ce seroient paroles exquises,
Si c'étoit un grand qui parlât.

AMPHYTRYON.
Entrons sans davantage attendre.
Mais Alcmene paroît avec tous ses appas ;
En ce moment, sans doute, elle ne m'attend pas,
Et mon abord la va surprendre.

SCENE II.

ALCMENE, AMPHITRYON, CLÉANTHIS, SOSIE.

ALCMENE *sans voir Amphitryon.*

Allons, pour mon époux, Cléanthis, vers les Dieux,
Nous acquitter de nos hommages ;
Et les remercier des succès glorieux,
Dont Thébes, par son bras, goûte les avantages.
(*Appercevant Amphitryon.*)
O Dieux !

AMPHITRYON.
Fasse le Ciel, qu'Amphitryon vainqueur,
Avec plaisir soit revu de sa femme ;
Et que ce jour, favorable à ma flamme,
Vous redonne à mes yeux avec le même cœur ;
Que j'y retrouve autant d'ardeur
Que vous en rapporte mon ame !

ALCMENE.
Quoi, de retour si-tôt?

AMPHITRYON.
Certes, c'est en ce jour
Me donner de vos feux un mauvais témoignage,
    Et ce, *Quoi si-tôt de retour*,
En ces occasions n'est gueres le langage
    D'un cœur bien enflammé d'amour.
    J'esois me flatter en moi-même,
    Que loin de vous j'aurois trop demeuré.
L'attente d'un retour ardemment desiré,
Donne à tous les instans une longueur extrême;
    Et l'absence de ce qu'on aime,
Quelque peu qu'elle dure, a toujours trop duré.

ALCMENE.
Je ne vois . . . .

AMPHITRYON.
    Non, Alcmene, à son impatience
On mesure le tems en de pareils états;
    Et vous comptez les momens de l'absence
    En personne qui n'aime pas.
    Lorsque l'on aime comme il faut,
    Le moindre éloignement nous tue;
    Et ce dont on chérit la vue,
    Ne revient jamais assez tôt.
    De votre accueil, je le confesse,
    Se plaint ici mon amoureuse ardeur;
    Et j'attendois de votre cœur,
D'autres transports de joie & de tendresse.

ALCMENE.
    J'ai peine à comprendre sur quoi
Vous fondez les discours que je vous entends faire;
    Et, si vous vous plaignez de moi,
    Je ne sçais pas, de bonne-foi,
    Ce qu'il faut pour vous satisfaire.
Hier au soir, ce me semble, à votre heureux retour,
On me vit témoigner une joie assez tendre;
    Et rendre aux soins de votre amour,
Tout ce que de mon cœur vous aviez lieu d'attendre.

COMEDIE.
AMPHITRYON.
Comment ?
ALCMENE.
Ne fis-je pas éclater à vos yeux
Les soudains mouvemens d'une entiere allégresse ?
Et le transport d'un cœur peut-il s'expliquer mieux,
Au retour d'un époux qu'on aime avec tendresse ?
AMPHITRYON.
Que me dites-vous là ?
ALCMENE.
Que même votre amour,
Montra de mon accueil une joie incroyable ;
Et que, m'ayant quitté à la pointe du jour,
Je ne vois pas qu'à ce soudain retour,
Ma surprise soit si coupable.
AMPHITRYON.
Est-ce que du retour que j'ai précipité,
Un songe, cette nuit, Alcmene, dans votre ame
A prévenu la vérité ?
Et que, m'ayant peut-être en dormant bien traité,
Votre cœur se croit, vers ma flamme,
Assez amplement acquitté ?
ALCMENE.
Est-ce qu'une vapeur, par sa malignité,
Amphitryon, a dans votre ame,
Du retour d'hier au soir, brouillé la vérité ?
Et que, du doux accueil duquel je m'acquittai,
Votre cœur prétend à ma flamme,
Ravir toute l'honnêteté ?
AMPHITRYON.
Cette vapeur, dont vous me régalez,
Est un peu, ce me semble, étrange.
ALCMENE.
C'est ce qu'on peut donner pour change,
Au songe dont vous me parlez.
AMPHITRYON.
A moins d'un songe, on ne peut pas, sans doute
Excuser ce qu'ici votre bouche me dit.

AMPHITRYON,

ALCMENE.
A moins d'une vapeur qui vous trouble l'esprit,
On ne peut pas sauver ce que de vous j'écoute.

AMPHITRYON.
Laissons un peu cette vapeur, Alcmene.

ALCMENE.
Laissons un peu ce songe, Amphitryon.

AMPHITRYON.
Sur le sujet dont il est question,
Il n'est gueres de jeu que trop loin on ne mene.

ALCMENE.
Sans doute ; &, pour marque certaine,
Je commence à sentir un peu d'émotion.

AMPHITRYON.
Est-ce donc que, par-là, vous voulez essayer
A réparer l'accueil dont je vous ai fait plainte ?

ALCMENE.
Est-ce donc que, par cette feinte,
Vous desirez vous égayer ?

AMPHITRYON.
Ah ! de grace, cessons, Alcmene, je vous prie,
Et parlons sérieusement.

ALCMENE.
Amphitryon, c'est trop pousser l'amusement ;
Finissons cette raillerie.

AMPHITRYON.
Quoi ! vous osez me soutenir en face,
Que, plutôt qu'à cette heure, on m'ait ici pû voir ?

ALCMENE.
Quoi ! vous voulez nier avec audace,
Que, dès hier, en ces lieux vous vîntes sur le soir ?

AMPHITRYON.
Moi je vins hier ?

ALCMENE.
Sans doute & dès avant l'aurore,
Vous vous en êtes retourné.

AMPHITRYON *à part.*
Ciel ! un pareil débat s'est-il pu voir encore ?

Et qui, de tout ceci, ne seroit étonné?
Sosie.

SOSIE.
Elle a besoin de six grains d'ellebore,
Monsieur, son esprit est tourné.

AMPHITRYON.
Alcmene, au nom de tous les Dieux,
Ce discours a d'étranges suites,
Reprenez vos sens un peu mieux;
Et pensez à ce que vous dites.

ALCMENE.
J'y pense mûrement aussi,
Et tous ceux du logis ont vu votre arrivée.
J'ygnore quel motif vous fait agir ainsi;
Mais, si la chose avoit besoin d'être prouvée,
S'il étoit vrai qu'on pût ne s'en souvenir pas,
De qui puis-je tenir, que de vous, la nouvelle
    Du dernier de tous vos combats?
Et les cinq diamans que portoit Ptérélas,
    Qu'a fait dans la nuit éternelle,
    Tomber l'effort de votre bras?
En pourroit-on vouloir un plus sûr témoignage?

AMPHITRYON.
Quoi! je vous ai déjà donné
Le nœud de diamans que j'eus pour mon partage,
    Et que je vous ai destiné?

ALCMENE.
Assurément. Il n'est pas difficile
De vous en bien convaincre.

AMPHITRYON.
              Et comment?

ALCMENE *montrant le nœud de diamans à sa ceinture.*
              Le voici.

AMPHITRYON.
Sosie!

SOSIE *tirant de sa poche un coffret.*
Elle se moque, & je le tiens ici,
Monsieur; la feinte est inutile.

AMPHITRYON *regardant le coffret.*
Le cachet est entier.
ALCMENE *presentant à Amphitryon le
nœud de diamans.*
Est-ce une vision ?
Tenez. Trouverez-vous cette preuve assez forte ?
AMPHITRYON.
Ah ! Ciel ! O juste Ciel !
ALCMENE.
Allez, Amphitryon,
Vous vous moquez d'en user de la sorte ;
Et vous en dévriez avoir confusion.
AMPHITRYON.
Romps vîte ce cachet.
SOSIE *ayant ouvert le coffret.*
Ma foi ; la place est vuide.
Il faut que par magie, on ait sçu le tirer,
Ou bien que de lui-même, il soit venu sans guide,
Vers celle qu'il a sçu qu'on en vouloit parer.
AMPHITRYON *à part.*
O Dieux dont le pouvoir sur les choses préside,
Quelle est cette aventure, & qu'en puis-je augurer,
Dont mon amour ne s'intimide ?
SOSIE *à Amphitryon.*
Si sa bouche dit vrai, nous avons même sort ;
Et, de même que moi, Monsieur, vous êtes double.
AMPHITRYON.
Tai-toi.
ALCMENE.
Sur quoi vous étonner si fort,
Et d'où peut naître ce grand trouble ?
AMPHITRYON *à part.*
O Ciel ! quel étrange embarras !
Je vois des incidens qui passent la nature ;
Et mon honneur redoute une aventure,
Que mon esprit ne comprend pas.
ALCMENE.
Songez-vous, en tenant cette preuve sensible,

A me nier encore votre retour preſſé ?
AMPHITRYON.
Non ; mais, à ce retour, daignez, s'il eſt poſſible,
Me conter ce qui s'eſt paſſé.
ALCMENE.
Puiſque vous demandez un recit de la choſe,
Vous voulez dire donc que ce n'étoit pas vous.
AMPHITRYON.
Pardonnez-moi ; mais j'ai certaine cauſe,
Qui me fait demander ce recit entre nous.
ALCMENE.
Les ſoucis importans, qui vous peuvent ſaiſir.
Vous ont-ils fait ſi vite en perdre la mémoire ?
AMPHITRYON.
Peut-être ; mais enfin vous me ferez plaiſir
De m'en dire toute l'hiſtoire.
ALCMENE.
L'hiſtoire n'eſt pas longue. A vous je m'avançai,
Pleine d'une aimable ſurpriſe ;
Tendrement je vous embraſſai,
Et témoignai ma joie, à plus d'une repriſe.
AMPHITRYON à part.
Ah ! d'un ſi doux accueil je me ſerois paſſé.
ALCMENE.
Vous me fîtes d'abord ce preſent d'importance,
Que du butin conquis vous m'aviez deſtiné
Votre cœur avec véhémence.
M'étala de ſes feux toute la violence,
Et les ſoins importuns qui l'avoient enchaîné,
L'aiſe de me revoir, les tourmens de l'abſence,
Tout le ſouci que ſon impatience,
Pour le retour s'étoit donné,
Et jamais votre amour en pareille occurrence,
Ne me parut ſi tendre & ſi paſſionné.
AMPHITRYON à part.
Peut-on plus vivement ſe voir aſſaſſiné ?
ALCMENE.
Tous ces tranſports, toute cette tendreſſe,

Comme vous croyez bien, ne me déplaifoient pas ;
Et s'il faut que je le confeffe,
Mon cœur, Amphitryon, y trouvoit mille appas.
AMPHITRYON.
Enfuite, s'il vous plaît ?
ALCMENE.
Nous nous entrecoupâmes
De mille queftions qui pouvoient nous toucher.
On fervit. Tête à tête, enfemble nous foupâmes,
Et le foupé fini, nous nous fûmes coucher.
AMPHITRYON.
Enfemble ?
ALCMENE.
Affurément. Quelle eft cette demande ?
AMPHITRYON à part.
Ah! c'eft ici le coup le plus cruel de tous,
Et dont à s'affurer trembloit mon feu jaloux.
ALCMENE.
D'où vous vient, à ce mot une rougeur fi grande ?
Ai-je fait quelque mal de coucher avec vous ?
AMPHITRYON.
Non, ce n'étoit pas moi, pour ma douleur fenfible;
Et qui dit qu'hier ici mes pas fe font portés,
Dit de toutes les fauffetés,
La fauffeté la plus horrible.
ALCMENE.
Amphitryon.
AMPHITRYON.
Perfide !
ALCMENE.
Ah ! quel emportement ?
AMPHITRYON.
Non, non, plus de douceur & plus de déférence.
Ce revers vient à bout de toute ma conftance ;
Et mon cœur ne refpire en ce fatal moment,
Et que fureur, & que vengeance.
ALCMENE.
De qui donc vous venger ? & quel manque de foi

Vous

COMEDIE.

Vous fait ici me traiter de coupable ?
AMPHITRYON.
Je ne sçais pas, mais ce n'étoit pas moi,
Et c'est un désespoir, qui de tout rend capable.
ALCMENE.
Allez, indigne époux, le fait parle de soi ;
   Et l'imposture est effroyable.
   C'est trop me pousser là-dessus,
Et d'infidélité me trop voir condamnée,
  Si vous cherchez, dans ces transports confus,
Un prétexte à briser les nœuds d'un hymenée
   Qui me tient à vous enchaînée,
   Tous ces détours sont superflus ;
   Et me voilà déterminée
A souffrir qu'en ce jour nos liens soient rompus.
AMPHITRYON.
Après l'indigne affront que l'on me fait connoître,
C'est bien à quoi, sans doute, il faut vous préparer.
C'est le moins qu'on doit voir ; & les choses peut-
  être,
   Pourront n'en pas-là demeurer.
Le déshonneur est sûr, mon malheur m'est visible,
Et mon amour en vain voudroit me l'obscurcir.
Mais le détail encor ne m'en est pas sensible ;
Et mon juste courroux prétend s'en éclaircir.
Votre frere déjà peut hautement répondre,
Que, jusqu'à ce matin, je ne l'ai point quitté ;
Je m'en vais le chercher, afin de vous confondre
Sur ce retour qui m'est faussement imputé.
Après, nous percerons jusqu'au fond d'un myftere,
   Jusques à present inoui ;
Et, dans les mouvemens d'une juste colere,
   Malheur à qui m'aura trahi.
SOSIE.
Monsieur...
AMPHITRYON.
    Ne m'accompagne pas,
Et demeure ici pour m'attendre.

AMPHITRYON,

CLEANTHIS *à Alcmene.*
Faut-il...

ALCMENE.
Je ne puis rien entendre.
Laisse-moi seule, & ne suis point mes pas.

SCENE III.

CLEANTHIS, SOSIE.

CLEANTHIS *à part.*

IL faut que quelque chose ait brouillé sa cervelle ;
Mais le frere sur le champ
Finira cette querelle.
  SOSIE *à part.*
C'est ici, pour mon maître, un coup assez touchant ;
  Et son aventure est cruelle.
Je crains fort, pour mon fait, quelque chose approchant ;
Et je m'en veux, tout doux, éclaircir avec elle.
  CLEANTHIS *à part.*
Voyez s'il me viendra seulement aborder.
Mais je veux m'empêcher de rien faire paroître.
  SOSIE *à part.*
La chose quelquefois est fâcheuse à connoître,
  Et je tremble à la demander.
Ne vaudroit-il pas mieux, pour ne rien hasarder,
  Ignorer ce qu'il en peut être ?
  Allons, tout coup vaille, il faut voir,
  Et je ne m'en sçaurois défendre.
  La foiblesse humaine est d'avoir
  Des curiosités d'apprendre
  Ce qu'on ne voudroit pas sçavoir.
Dieu te gard, Cléanthis.

COMEDIE.
CLEANTHIS.
Ah, ah, tu t'en avises,
Traître, de t'approcher de nous !
SOSIE.
Mon Dieu ! Qu'as tu ? Toujours on te voit en cour-
roux,
Et sur rien tu te formalises ?
CLEANTHIS.
Qu'appelles-tu sur rien ? Dis ?
SOSIE.
J'appelle sur rien,
Ce qui, sur rien, s'appelle en vers, ainsi qu'en prose ;
Et rien, comme tu le sçais bien,
Veut dire rien, ou peu de chose.
CLEANTHIS.
Je ne sçais qui me tient, infâme,
Que je ne t'arrache les yeux,
Et ne t'apprenne où va le courroux d'une femme.
SOSIE.
Holà. D'où te vient donc ce transport furieux ?
CLEANTHIS.
Tu n'appelles donc rien le procédé peut-être,
Qu'avec moi ton cœur a tenu ?
SOSIE.
Et quel ?
CLEANTHIS.
Quoi ! Tu fais l'ingénu ?
Est-ce qu'à l'exemple du maître,
Tu veux dire qu'ici tu n'es pas revenu ?
SOSIE.
Non, je sçais fort bien le contraire ?
Mais je ne t'en fais pas le fin.
Nous avions bu de je ne sçais quel vin,
Qui m'a fait oublier tout ce que j'ai pu faire.
CLEANTHIS.
Tu crois, peut-être, excuser par ce trait...
SOSIE.
Non tout de bon, tu m'en peux croire.

J'étois dans un état où je puis avoir fait
      Des choses dont j'aurois regret ;
Et donc je n'ai nulle mémoire.

CLÉANTHIS.

Tu ne te souviens point du tout de la maniere
Dont tu m'as sçu traiter étant venu du port ?

SOSIE.

Non plus que rien ; tu peux m'en faire le rapport,
      Je suis équitable & sincere,
Et me condamnerai, moi-même, si j'ai tort.

CLÉANTHIS.

Comment ! Amphitryon m'ayant sçu disposer,
Jusqu'à ce que tu vins, j'avois poussé ma veille ;
Mais je ne vis jamais une froideur pareille,
De ta femme il fallut moi-même t'aviser,
      Et lorsque je fus te baiser,
Tu détournas le nez, & me donnas l'oreille.

SOSIE.

Bon.

CLÉANTHIS.

    Comment, bon ?

SOSIE.

      Mon Dieu ! Tu ne sçais pas pourquoi,
      Cléanthis, je tiens ce langage.
J'avois mangé de l'ail, & fis en homme sage
De détourner un peu mon haleine de toi.

CLÉANTHIS.

Je te sçus exprimer des tendresses de cœur ;
Mais, à tous mes discours tu fus comme une souche ;
      Et jamais un mot de douceur
      Ne te put sortir de la bouche.

SOSIE à part.

Courage.

CLÉANTHIS.

    Enfin, ma flamme eut beau s'émanciper,
Sa chaste ardeur, en toi, ne trouva rien que glace,
Et, dans un tel retour, je te vis la tromper
Jusqu'à faire refus de prendre au lit la place,

COMEDIE.

Que les loix de l'hymen t'obligent d'occuper.
SOSIE.
Quoi ! Je ne couchai point ?
CLÉANTHIS.
Non, lâche.
SOSIE.
Eſt-il poſſible ?
CLÉANTHIS.
Traître, il n'eſt que trop aſſuré ;
C'eſt de tous les affronts, l'affront le plus ſenſible ;
Et, loin que ce matin ton cœur l'ait réparé,
Tu t'es d'avec moi ſéparé,
Par des diſcours chargés d'un mépris tout viſible.
SOSIE *à part.*
Vivat. Soſie.
CLÉANTHIS.
Hé quoi ! Ma plainte a cet effet ?
Tu ris après ce bel ouvrage ?
SOSIE.
Que je ſuis de moi ſatisfait ?
CLÉANTHIS.
Exprime-t-on ainſi le regret d'un outrage ?
SOSIE.
Je n'aurois jamais cru que jeuſſe été ſi ſage.
CLÉANTHIS.
Loin de te condamner d'un ſi perfide trait,
Tu m'en fais éclater la joie en ton viſage.
SOSIE.
Mon Dieu ! Tout doucement. Si je parois joyeux,
Crois que j'en ai, dans l'ame, une raiſon très-forte.
Et, que, ſans y penſer, je ne fis jamais mieux,
Que d'en uſer tantôt avec toi de la ſorte.
CLÉANTHIS.
Traître, te moques-tu de moi ;
SOSIE.
Non, je te parle avec franchiſe.
En l'état où j'étois, j'avois certain effroi,
Dont, avec ton diſcours, mon ame s'eſt remiſe.

C 3

Je m'appréhendois fort, & craignois qu'avec toi
  Je n'eusse fait quelque sottise.
CLÉANTHIS.
Quelle est cette frayeur, & sçachons donc pourquoi ?
SOSIE.
  Les Médecins disent, quand on est ivre,
   Que de sa femme on se doit abstenir ;
Et que, dans cet état, il ne peut provenir
Que des enfans pesans, & qui ne sçauroient vivre
Voi, si mon cœur n'eût sçu de froideur se munir,
Quels inconvéniens auroient pu s'en ensuivre.
CLÉANTHIS.
   Je me moque des Médecins.
   Avec leurs raisonnemens fades.
  Qu'ils reglent ceux qui sont malades,
Sans vouloir gouverner les gens qui sont bien sains :
   Ils se mêlent de trop d'affaires,
De prétendre tenir nos chastes feux gênés ;
   Et sur les jours caniculaires,
Ils nous donnent encore, avec leurs loix séveres,
  De cent sots contes par le nez.
SOSIE.
Tout doux.
CLÉANTHIS.
  Non, je soutiens que cela conclut mal,
Ces raisons sont raisons d'extravagantes têtes.
Il n'est ni vin, ni temps qui puisse être fatal
A remplir les devoirs de l'amour conjugal ;
  Et les Médecins sont des bêtes.
SOSIE.
Contr'eux, je t'en supplie, appaise ton courroux ;
Ce sont d'honnêtes-gens, quoique le monde en dise.
CLÉANTHIS.
Tu n'es pas où tu crois. En vain tu files doux.
Ton excuse n'est point une excuse de mise ;
Et je me veux venger, tôt ou tard, entre nous,
De l'air dont, chaque jour, je vois qu'on me méprise.
Des discours de tantôt je garde tous les coups,

COMEDIE.

Et tâcherai d'user, lâche & perfide époux,
De cette liberté que ton cœur m'a permise.
SOSIE.
Quoi?
CLÉANTHIS.
Tu m'as dit tantôt que tu consentois fort,
Lâche, que j'en aimasse un autre.
SOSIE.
Ah, pour cet article, j'ai tort,
Je m'en dédis, il y va trop du nôtre.
Garde-toi bien de suivre ce transport.
CLÉANTHIS.
Si je puis une fois pourtant
Sur mon esprit gagner la chose...
SOSIE.
Fais à ce discours quelque pause,
Amphitryon revient, qui me paroît content.

SCENE IV.

JUPITER, CLÉANTHIS, SOSIE.

JUPITER à part.

JE viens prendre le tems de rappaiser Alcmene,
De bannir les chagrins que son cœur veut garder;
Et donner à mes feux, dans ce soin qui m'amene,
Le doux plaisir de se raccommoder.
(à Cléanthis.)
Alcmene est là-haut, n'est-ce pas?
CLÉANTHIS.
Oui pleine d'une inquiétude,
Qui cherche de la solitude;
Et qui m'a défendu d'accompagner ses pas.
JUPITER.
Quelque défense qu'elle ait faite,
Elle ne sera pas pour moi.

SCENE V.
CLEANTHIS, SOSIE.
CLEANTHIS.

Son chagrin, à ce que je voi ;
A fait un prompte retraite.
SOSIE.
Que dis-tu, Cléanthis, de ce joyeux maintien,
Après son fracas effroyable !
CLEANTHIS.
Que si toutes nous faisions bien,
Nous donnerions tous les hommes au diable ;
Et que le meilleur n'en vaut rien.
SOSIE.
Cela se dit dans le courroux.
Mais, aux hommes, par trop vous êtes accrochées ;
Et vous seriez, ma foi, toutes bien empêchées,
Si le diable les prenoit tous.
CLEANTHIS.
Vraiment...
SOSIE.
Les voici. Taisons-nous

SCENE VI.
JUPITER, ALCMENE, CLEANTHIS, SOSIE.
JUPITER.

Voulez-vous me défespérer ?
Hélas ! Arrêtez, belle Alcmene.
ALCMENE.
Non, avec l'auteur de ma peine,
Je ne puis du tout demeurer.
JUPITER.
De grace...
ALCMENE.
Laiffez-moi.
JUPITER.
Quoi...
ALCMENE.
Laiffez-moi, vous dis-je.
JUPITER *bas à part.*
Ses pleurs touchent mon ame, & fa douleur m'afflige.
(haut.)
Souffrez que mon cœur...
ALCMENE.
Non, ne fuivez point mes pas.
JUPITER.
Où voulez-vous aller ?
ALCMENE.
Où vous ne ferez pas.
JUPITER.
Ce vous eft une attente vaine.
Je tiens à vos beautés par un nœud trop ferré,
Pour pouvoir un moment en être féparé.
Je vous fuivrai par-tout, Alcmene.
ALCMENE.
Et moi, par-tout je vous fuirai.

C 5

AMPHITRYON,
JUPITER.
Je suis donc bien épouventable ?
ALCMENE.
Plus qu'on ne peut dire, à mes yeux.
Oui, je vous vois comme un monstre effroyable,
Un monstre cruel, furieux,
Et dont l'approche est redoutable ;
Comme un monstre a fuir en tous lieux.
Mon cœur souffre, à vous voir, une peine incroyable ;
C'est un supplice qui m'accable ;
Et je ne vois rien sous les Cieux,
D'affreux, d'horrible, d'odieux,
Qui ne me fût plus que vous supportable.
JUPITER.
En voilà bien, hélas ! que votre bouche dit.
ALCMENE.
J'en ai dans le cœur davantage ;
Et, pour l'exprimer tout, ce cœur a du dépit
De ne point trouver de langage.
JUPITER.
Hé, que vous a donc fait ma flamme ;
Pour me pouvoir, Alcmene, en monstre regarder ?
ALCMENE.
Ah ! juste Ciel ! Cela se peut-il demander ?
Et n'est-ce pas pour mettre à bout une ame ?
JUPITER.
Ah, d'un esprit plus adouci...
ALCMENE.
Non, je ne veux, du tout, vous voir, ni vous entendre
JUPITER.
Avez-vous bien le cœur de me traiter ainsi ?
Est-ce là cet amour si tendre,
Qui devoit tant durer quand je viens hier ici ?
ALCMENE.
Non, non, ce ne l'est pas ; & vos lâches injures
En ont autrement ordonné.
Il n'est plus, cet amour, tendre & passionné :
Nous l'avez, dans mon cœur, par ses vives blessures,

COMEDIE.

Cruellement assassiné.
C'est, en sa place, un courroux inflexible,
Un vif ressentiment, un dépit invincible,
Un désespoir d'un cœur justement animé,
Qui prétend vous haïr, pour cet affront sensible,
Autant qu'il est d'accord de vous avoir aimé ;
Et c'est haïr autant qu'il est possible.

JUPITER.

Hélas ! Que votre amour n'avoit guére de force,
Si de si peu de chose on le peut voir mourir !
Ce qui n'étoit que jeu, doit-il faire un divorce,
Et d'une raillerie a-t-on lieu de s'aigrir ?

ALCMENE.

Ah ! C'est cela dont je suis offensée,
Et que ne peut pardonner mon courroux.
Des véritables traits d'un mouvement jaloux
Je me trouverois moins blessée.
La jalousie a des impressions,
Dont bien souvent la force nous entraîne ;
Et l'ame la plus sage, en ces occasions,
Sans doute, avec assez de peine,
Répond de ces émotions.
L'emportement d'un cœur, qui peut s'être abusé,
A de quoi ramener une ame qu'il offense ;
Et, dans l'amour qui lui donne naissance,
Il trouve au moins, malgré toute sa violence,
Des raisons pour être excusé,
De semblables transports contre un ressentiment,
Pour défense, toujours ont ce qui les fait naître ;
Et l'on donne grace aisément
A ce dont on n'est pas le maître.
Mais que de gaieté de cœur,
On passe aux mouvemens d'une fureur extrême ?
Que, sans cause, l'on vienne, avec tant de rigueur,
Blesser la tendresse & l'honneur
D'un cœur qui cherement nous aime ;
Ah! C'est un coup trop cruel en lui-même,
Et que jamais n'oubliera ma douleur.

C 6

JUPITER.

Oui, vous avez raison, Alcmene, il se faut rendre,
Cette action, sans doute, est un crime odieux,
  Je ne prétends plus la défendre.
Mais souffrez que mon cœur s'en défende à vos yeux,
  Et donne au vôtre à qui se prendre
  De ce transport injurieux.
  A vous en faire un aveu véritable,
  L'époux, Alcmene, a commis tout le mal,
C'est l'époux qu'il vous faut regarder en coupable ;
L'amant n'a point de part à ce transport brutal,
Et de vous offenser, son cœur n'est point capable.
Il a pour vous, ce cœur, pour y jamais penser,
  Trop de respect & de tendresse ;
Et si de faire rien à vous pouvoir blesser
  Il avoit eu la coupable foiblesse,
De cent coups, à vos yeux, il voudroit le percer.
Mais l'époux est sorti de ce respect soumis
  Où pour vous l'on doit toujours être ;
A son dur procédé l'époux s'est fait connoître ;
Et par le droit d'hymen, il s'est cru tout permis.
Oui, c'est lui qui, sans doute, est criminel vers vous,
Lui seul a maltraité votre aimable personne ;
  Haïssez, détestez l'époux,
  J'y consens, & vous l'abandonne.
Mais, Alcmene, sauvez l'amant de courroux
  Qu'une telle offense vous donne ;
  N'en jettez pas sur lui l'effet,
  Démêlez-le un peu du coupable ;
  Et, pour être enfin équitable,
Ne le punissez point de ce qu'il n'a pas fait.

ALCMENE.

  Ah ! Toutes ces subtilités
  N'ont que des excuses frivoles,
  Et, pour les esprits irrités,
Ce sont des contre-tems que de telles paroles.
Ce détour ridicule est en vain pris par vous.
Je ne distingue rien en celui qui m'offense,

COMEDIE,

Tout y devient l'objet de mon courroux ;
Et, dans sa juste violence,
Sont confondus & l'amant & l'époux.
Tout deux, de même sorte, occupent ma pensée ;
Et, des mêmes couleurs, par mon ame blessée,
Tous deux ils sont peints à mes yeux,
Tous deux sont criminels, tous deux m'ont offensée ;
Et tous deux me sont odieux.

JUPITER.

Hé bien, puisque vous le voulez,
Il faut donc me charger du crime.
Oui, vous avez raison, lorsque vous m'immolez
A vos ressentimens, en coupable victime.
Un trop juste dépit contre moi vous anime ;
Et tout ce grand courroux qu'ici vous étalez,
Ne me fait endurer qu'un tourment légitime.
C'est, avec droit, que mon abord vous chasse,
Et que, de me fuir en tous lieux,
Votre colere me menace.
Je dois vous être un objet odieux,
Vous devez me vouloir un mal prodigieux.
Il n'est aucune horreur que mon forfait ne passe,
D'avoir offensé vos beaux yeux.
C'est un crime à blesser les hommes & les Dieux ;
Et je mérite enfin, pour punir cette audace,
Que, contre moi, votre haine ramasse
Tous ses traits les plus furieux.
Mais mon cœur vous demande grace,
Pour vous la demander je me jette à genoux :
Et la demande au nom de la plus vive flamme,
Du plus tendre amour dont une ame
Puisse jamais brûler pour vous.
Si votre cœur, charmante Alcmene,
Me refuse la grace où j'ose recourir ;
Il faut qu'une atteinte soudaine
M'arrache, en me faisant mourir,

   Aux dures rigueurs d'une peine
   Que je ne sçaurois plus souffrir.
  Oui, cet état me désespére.
  Alcmene, ne présumez pas
Qu'aimant, comme je fais; vos célestes appas,
Je puisse vivre un jour avec votre colere,
Déjà de ces momens la barbare longueur
   Fait, sous des atteintes mortelles,
   Succomber tout mon triste cœur;
Et de mille vautours, les blessures cruelles
N'ont rien de comparable à ma vive douleur.
Alcmene, vous n'avez qu'à me le déclarer;
S'il n'est point de pardon que je doive espérer,
Cette épée aussi-tôt, par un coup favorable,
Va percer à vos yeux le cœur d'un misérable,
Ce cœur, ce traître cœur trop digne d'expirer,
Puisqu'il a pu fâcher un objet adorable.
Heureux, en descendant au ténébreux séjour,
Si, de votre courroux, mon trépas vous ramene;
Et ne laisse en votre ame, après ce triste jour,
   Aucune impression de haine,
   Au souvenir de mon amour.
C'est tout ce que j'attends pour faveur souveraine.
   ALCMENE.
Ah, trop cruel époux!
   JUPITER.
      Dites, parlez, Alcmene.
   ALCMENE.
Faut-il encor pour vous conserver des bontés,
Et vous voir m'outrager par tant d'indignités?
   JUPITER.
Quelque ressentiment qu'un outrage nous cause,
Tient-il contre un remords d'un cœur bien enflam-
  mé?
   ALCMENE.
Un cœur bien plein de flamme à mille morts s'expose,

COMEDIE.

Plutôt que de vouloir fâcher l'objet aimé.
JUPITER.
Plus on aime quelqu'un, moins on trouve de peine.
ALCMENE.
Non, ne m'en parlez point, vous méritez ma haine.
JUPITER.
Vous me haïssez donc?
ALCMENE.
J'y fais tout mon effort?
Et j'ai dépit de voir que toute votre offense
Ne puisse de mon cœur, jusqu'à cette vengeance,
Faire encore aller le transport.

JUPITER.
Mais pourquoi cette violence,
Puisque, pour vous venger, je vous offre ma mort?
Prononcez-en l'arrêt, & j'obéis sur l'heure.

ALCMENE.
Qui ne sçauroit haïr, peut-il vouloir qu'on meure?

JUPITER.
Et moi, je ne puis vivre, à moins que vous quittiez
Cette colere qui m'accable;
Et que vous m'accordiez le pardon favorable,
Que je vous demande à vos pieds.
(*Sosie & Cléanthis se mettent aussi à genoux.*)
Résolvez ici l'un des deux,
Ou de punir, ou bien d'absoudre.

ALCMENE.
Hélas! ce que je puis résoudre
Paroît bien plus que je ne veux!
Pour vouloir soutenir le courroux qu'on me donne,
Mon cœur a trop sçu me trahir;
Dire qu'on ne sçauroit haïr,
N'est-ce pas dire qu'on pardonne?

JUPITER.
Ah! Belle Alcmene, il faut que comblé d'allégresse...

AMPHITRYON,

ALCMENE.

Laissez. Je me veux mal de mon trop de foiblesse.

JUPITER.

Va, Sosie, & dépêche-toi,
Vois, dans les doux transports dont mon ame est charmée,
Ce que tu trouveras d'Officiers de l'armée ;
Et les invite à dîner avec moi.
(*bas à part.*)
Tandis que d'ici je le chasse,
Mercure y remplira sa place.

SCENE VII.

CLÉANTHIS, SOSIE.

SOSIE.

HÉ bien, tu vois, Cléanthis, ce ménage.
Veux-tu qu'à leur exemple, ici,
Nous fassions, entre nous, un peu de paix aussi,
Quelque petit rapatriage ?

CLÉANTHIS.

C'est pour ton nez, vraiment. Cela se fait ainsi.

SOSIE.

Quoi ! tu ne veux pas ?

CLÉANTHIS.

Non.

SOSIE.

Il ne m'importe guére,
Tant pis pour toi.

COMEDIE.
CLÉANTHIS.
Là, là, revien,
SOSIE.
Non morbleu. Je n'en ferai rien ;
Er je veux être à mon tour, en colere.
CLÉANTHIS.
Va, va, traître laisse-moi faire ;
On se lasse, par fois, d'être femme de bien.

Fin du second Acte.

ACTE III.

SCENE PREMIERE.
AMPHITRYON.

OUI sans doute, le sort tout exprès me le cache;
Et, des tours que je fais, à la fin, je suis las.
Il n'est point de destin plus cruel, que je sçache.
Je ne sçaurois trouver, portant par-tout mes pas,
    Celui qu'à chercher je m'attache;
Et je trouve tous ceux que je ne cherche pas.
Mille fâcheux cruels, qui ne pensent pas l'être,
De nos faits avec moi sans beaucoup me connoître,
Viennent se réjouir pour me faire enrager.
Dans l'embarras cruel du souci qui me blesse,
De leurs embrassemens, & de leur allegresse,
Sur mon inquiétude ils viennent tous charger.
    En vain à passer je m'aprête,
    Pour fuir leurs persécutions!
Leur tuante amitié de tous côtés m'arrête;
Et, tandis qu'à l'ardeur de leurs expressions,
    Je réponds d'un geste de tête,
Je leur donne tout bas, cent malédictions.
Ah! qu'on est peu flatté de louange & d'honneur,
Et de tout ce que donne une grande victoire,
Lorsque, dans l'ame, on souffre une vive douleur,
Et que l'on donneroit volontiers cette gloire
    Pour avoir le repos du cœur!
    Ma jalousie, à tout propos,
    Me promene sur ma disgrace;
    Et plus mon esprit y repasse,

Moins j'en puis débrouiller le funeste cahos.
Le vol des diamans n'est pas ce qui m'étonne,
On leve les cachets, qu'on ne l'apperçoit pas;
Mais le don qu'on veut qu'hier j'en vins faire en personne,
Est ce qui fait ici mon cruel embarras.
La nature par fois produit des ressemblances,
Dont quelques impostures ont pris droit d'abuser;
Mais il est hors de sens que, sous ces apparences,
Un homme pour époux se puisse supposer;
Et, dans tous ces rapports, sont mille différences,
Dont se peut une femme aisément aviser.
  Des charmes de la Thessalie.
On vante de tout tems les merveilleux effets;
Mais les contes fameux qui par-tout en sont faits,
Dans mon esprit toujours ont passé pour folie;
Et ce seroit du sort une étrange rigueur,
  Qu'au sortir d'une ample victoire,
  Je fusse contraint de les croire,
  Aux dépens de mon propre honneur.
Je veux la retâter sur ce fâcheux mystere,
Et voir si ce n'est point une vaine chimere,
Qui sur ses sens troublés, ait sçu prendre crédit.
  Ah ! fasse le Ciel équitable,
  Que ce penser soit véritable;
Et que, pour mon bonheur, elle ait perdu l'esprit.

SCENE II.

MERCURE, AMPHITRYON.

MERCURE *sur le balcon de la maison d'Amphitryon, sans être vu ni entendu par Amphitryon.*

Comme l'amour ici ne m'offre aucun plaisir,
Je m'en veux faire au moins qui soient d'autre nature;

Et je vais égayer mon férieux loifir
A mettre Amphitryon hors-de toute mefure.
Cela n'eft pas d'un Dieu bien plein de charité;
Mais auffi ce n'eft pas ce dont je m'inquiéte;
      Et je me fens, par ma planette,
      A la malice un peu porté.

AMPHITRYON.

D'où vient donc qu'à cette heure on ferme cette porte?

MERCURE.

Holà, tout doucement. Qui frappe!

AMPHITRYON *fans voir Mercure.*

      Moi.

MERCURE.

      Qui, moi?

AMPHITRYON *appercevant Mercure qu'il prend pour Sofie.*

Ah! Ouvre.

MERCURE.

Comment, ouvre? Et qui donc es-tu toi,
Qui fais tant de vacarme, & parles de la forte?

AMPHITRYON.

Quoi, tu ne me connois pas?

MERCURE.

      Non;
Et n'en ai pas la moindre envie.

AMPHITRYON *à part.*

Tout le monde perd-il aujourd'hui la raifon?
Eft-ce un mal répandu? Sofie, holà, Sofie.

MERCURE.

Hé bien, Sofie, oui, c'eft mon nom,
As-tu peur que je ne l'oublie?

AMPHITRYON.

Me vois-tu bien?

MERCURE.

      Fort bien. Qui peut pouffer ton bras
A faire une rumeur fi grande?
Et que demandes-tu là-bas?

COMEDIE.

AMPHITRYON.
Moi, pendard, ce que je demande ?
MERCURE.
Que ne demande-tu donc pas ?
Parle, si tu veux qu'on t'entende.
AMPHITRYON.
Attends, traître. Avec un bâton
Je vais la-haut me faire entendre ;
Et, de bonne façon, t'apprendre
A m'ofer parler fur ce ton.
MERCURE.
Tout beau. Si pour heurter tu fais la moindre inſ-
tance,
Je t'envoyerai d'ici des meſſagers fâcheux.
AMPHITRYON.
O Ciel ! Vit-on jamais une telle infolence ?
La peut-on concevoir d'un ferviteur, d'un gueux ?
MERCURE.
Hé bien, qu'eſt-ce ? M'as-tu tout parcouru par ordre ?
M'as-tu, de tes gros yeux, aſſez conſidéré ?
Comme il les écarquille & paroît effaré ?
Si, des regards, on pouvoit mordre,
Il m'auroit déjà déchiré.
AMPHITRYON.
Moi-même je frémis de ce que tu t'apprêtes
Avec ces impudens propos.
Que tu groſſis pour toi d'effroyables tempêtes !
Quels orages de coups vont fondre fur ton dos !
MERCURE.
L'ami, ſi, de ces lieux, tu ne veux difparoître,
Tu pourras y gagner quelque contuſion.
AMPHITRYON.
Ah, tu ſçauras, maraud, à ta confuſion,
Ce que c'eſt qu'un valet qui s'attaque à ſon maître.
MERCURE.
Toi, mon maître ?
AMPHITRYON.
Oui, coquin. M'ofes-tu méconnoître ?

MERCURE.
Je n'en reconnois point d'autre qu'Amphitryon.
AMPHITRYON.
Et cet Amphitryon, qui, hors moi, le peut-être ?
MERCURE.
Amphitryon ?
AMPHITRYON.
Sans doute.
MERCURE.
Ah, quelle vision !
Dis-nous un peu. Quel est le cabaret honnête,
Où tu t'es coëffé le cerveau ?
AMPHITRYON.
Comment encore ?
MERCURE.
Etoit-ce un vin à faire fête ?
AMPHITRYON.
Ciel !
MERCURE.
Etoit-il vieux, ou nouveau ?
AMPHITRION.
Que de coups !
MERCURE.
Le nouveau donne fort dans la tête,
Quand on le veut boire sans eau.
AMPHITRYON.
Ah, je t'arracherai cette langue, sans doute.
MERCURE.
Passe, mon pauvre ami ; crois-moi,
Que quelqu'un ici ne t'écoute.
Je respecte le vin. Va-t-en, retire-toi,
Et laisse Amphitryon dans les plaisirs qu'il goûte.
AMPHITRYON.
Comment ! Amphitryon est là-dedans ?
MERCURE.
Fort bien.
Qui, couvert des lauriers d'une victoire pleine,
Est auprès de la belle Alcmene,
A jouir des douceurs d'un aimable entretien.

COMEDIE.

Après le démêlé d'un amoureux caprice,
Ils goûtent le plaisir de s'être rajustés.
Garde-toi de troubler leurs douces privautés,
  Si tu ne veux qu'il ne punisse
  L'excès de tes témérités.

SCENE III.

AMPHITRYON *seul*.

AH ! quel étrange coup m'a-t-il porté dans l'ame ?
En quel trouble cruel jette-t-il mon esprit ?
Et, si les choses sont comme le traître dit,
Où vois-je ici réduits mon honneur & ma flamme ?
A quel parti me doit résoudre ma raison ?
  Ai-je l'éclat, ou le secret à prendre ?
Et dois-je, en mon courroux, renfermer ou répandre
  Le deshonneur de ma maison ?
Ah ! faut-il consulter dans un affront si rude ?
Je n'ai rien à prétendre, & rien à ménager ;
  Et toute mon inquiétude
  Ne doit aller qu'à me venger.

SCENE IV.

AMPHITRYON, SOSIE, NAUCRATES & POLIDAS *dans le fond du Théatre*.

SOSIE *à Amphitryon*.

Monsieur, avec mes soins, tout ce que j'ai pu faire,
C'est de vous amener ces Messieurs que voici.

AMPHITRYON.
Ah, vous voilà !
SOSIE.
Monsieur.
AMPHITRYON.
Infolent, téméraire.
SOSIE.
Quoi ?
AMPHITRYON.
Je vous apprendrai de me traiter ainfi.
SOSIE.
Qu'eft-ce donc ? Qu'avez-vous ?
AMPHITRYON *mettant l'épée à la main.*
Ce que j'ai, miférable ?
SOSIE *à Naucrates & à Polidas.*
Holà, Meffieurs, venez donc tôt.
NAUCRATES *à Amphitryon.*
Ah, de grace, arrêtez.
SOSIE.
De quoi fuis-je coupable ?
AMPHITRYON.
Tu me le demandes, maraud ?
(*à Naucrates.*)
Laiffez-moi fatisfaire un courroux légitime.
SOSIE.
Lorfque l'on pend quelqu'un, on lui dit pourquoi c'eft.
NAUCRATES *à Amphitryon.*
Daignez nous dire au moins quel peut être fon crime.
SOSIE.
Meffieurs, tenez bon, s'il vous plaît.
AMPHITRYON.
Comment, il vient d'avoir l'audace
De me fermer la porte au nés ;
Et de joindre encor la menace
A mille rapports effrénés.
(*voulant le frapper.*)
Ah, coquin !
SOSIE.

COMEDIE.

SOSIE *tombant à genoux.*
Je suis mort.
NAUCRATES *à Amphitryon.*
Calmez cette colere.
SOSIE.
Messieurs.
POLIDAS *à Sosie.*
Qu'est-ce ?
SOSIE.
M'a-t-il frappé ?
AMPHITRYON.
Non, il faut qu'il ait le salaire
Des mots où, tout à l'heure, il s'est émancipé.
SOSIE.
Comment cela se peut-il faire
Si j'étois par votre ordre, autre part occupé ?
Ces Messieurs sont ici, pour rendre témoignage,
Qu'à dîner avec vous je les viens d'inviter.
NAUCRATES.
Il est vrai qu'il nous vient de faire ce message ;
Et n'a point voulu nous quitter.
AMPHITRYON.
Qui t'a donné cet ordre ?
SOSIE.
Vous.

AMPHITRYON.
Et quand ?
SOSIE.
Après votre paix faite,
Au milieu des transports d'une ame satisfaite
D'avoir, d'Alcmene, appaisé le courroux.
(*Sosie se relevant.*)
AMPHITRYON.
O Ciel ! chaque instant, chaque pas,
Ajoute quelque chose à mon cruel martyre ;
Et dans ce fatal embarras,
Je ne sçais plus que croire, ni que dire.

Tome V.   D

NAUCRATES.

Tout ce que de chez vous, il vient de nous conter,
Surpasse si fort la nature,
Qu'avant que de rien faire, & de vous emporter,
Vous devez éclaircir toute cette aventure.

AMPHITRYON.

Allons. Vous y pourrez seconder mon effort ;
Et le Ciel à propos ici vous a fait rendre.
Voyons quelle fortune en ce jour peut m'attendre.
Débrouillons ce mystere, & sçachons notre sort.
Hélas ! je brûle de l'apprendre ;
Et je le crains plus que la mort.

(*Amphitryon frappe à la porte de sa maison.*)

SCENE V.

JUPITER, AMPHITRYON, NAUCRATES, POLIDAS, SOSIE.

JUPITER.

Quel bruit à descendre m'oblige ?
Et qui frappe en maître où je suis ?

AMPHITRYON.

Que vois-je, justes Dieux !

NAUCRATES.

Ciel ! Quel est ce prodige !
Quoi, deux Amphitryons ici nous sont produits ?

AMPHITRYON à part.

Mon ame demeure transie.
Hélas ! je n'en puis plus, l'aventure est à bout,
Ma destinée est éclaircie ;
Et ce que je vois me dit tout.

NAUCRATES.

Plus mes regards sur eux s'attachent fortement,
Plus je trouve qu'en tout l'un à l'autre est semblable.

COMEDIE.

SOSIE *passant du côté de Jupiter.*
Messieurs, voici le véritable ;
L'autre est un imposteur digne de châtiment.

POLIDAS.
Certes, ce rapport admirable
Suspend ici mon jugement.

AMPHITRYON.
C'est trop être éludé par un fourbe exécrable,
Il faut, avec ce fer, rompre l'enchantement.

NAUCRATES *à Amphitryon qui a mis l'épée à la main.*
Arrêtez.

AMPHITRYON.
Laissez-moi.

NAUCRATES.
Dieux que voulez-vous faire ?

AMPHITRYON.
Punir d'un imposteur les lâches trahisons.

JUPITER.
Tout beau. L'emportement est fort peu nécessaire ;
Et, lorsque de la sorte, on se met en colere,
On fait croire qu'on a de mauvaises raisons.

SOSIE.
Oui, c'est un enchanteur, qui porte un caractere,
Pour ressembler aux maîtres des maisons.

AMPHITRYON *à Sosie.*
Je te ferai, pour ton partage,
Sentir par mille coups, ces propos outrageans.

SOSIE.
Mon maître est homme de courage,
Et ne souffrira pas que l'on batte ses gens.

AMPHITRYON.
Laissez-moi m'assouvir dans mon courroux extrême ;
& laver mon affront au sang d'un scélérat.

NAUCRATES *arrêtant Amphitryon.*
Nous ne souffrirons point cet étrange combat
D'Amphitryon contre lui-même.

AMPHITRYON.
Quoi ! Mon honneur de vous reçoit ce traitement ?
Et mes amis d'un fourbe, embrassent la défense ?
Loin d'être les premiers à prendre ma vengeance,
Eux-mêmes font obstacle à mon ressentiment ?
NAUCRATES.
Que voulez-vous qu'à cette vue
Fassent nos résolutions,
Lorsque, par deux Amphitryons,
Toute notre chaleur demeure suspendue ?
A vous faire éclater notre zele aujourd'hui,
Nous craignons de faillir, & de vous méconnoître.
Nous voyons bien en vous Amphitryon paroître,
Du salut des Thébains le glorieux appui ;
Mais nous le voyons tous aussi paroître en lui ;
Et ne sçaurions juger dans lequel il peut être.
Notre parti n'est point douteux,
Et l'imposteur par nous, doit mordre la poussiere ;
Mais ce parfait rapport le cache entre vous deux ;
Et c'est un coup trop hasardeux,
Pour l'entreprendre sans lumiere.
Avec douceur laissez-nous voir
De quel côté peut être l'imposture ;
Et dès que nous aurons démêlé l'aventure,
Il ne nous faudra pas dire notre devoir.
JUPITER.
Oui, vous avez raison, & cette ressemblance,
A douter de tous deux, vous peut autoriser.
Je ne m'offense point de vous voir en balance ;
Je suis plus raisonnable, & sçais vous excuser.
L'œil ne peut entre nous faire de différence ;
Et je vois qu'aisément on s'y peut abuser.
Vous ne me voyez point témoigner de colere,
Point mettre l'épée à la main,
C'est un mauvais moyen d'éclaircir ce mystere,
Et j'en puis trouver un plus doux & plus certain.
L'un de nous est Amphitryon ;
Et tous deux, à vos yeux, nous le pouvons paroître

C'est à moi de finir cette confusion ;
Et je prétends me faire à tous si bien connoître,
Qu'aux preſſantes clartés de ce que je puis être,
Lui-même ſoit d'accord du ſang qui m'a fait naître,
Et n'ai plus de rien dire, aucune occaſion.
C'eſt aux yeux des Thébains que je veux avec vous,
De la vérité pure, ouvrir la connoiſſance ;
Et la choſe, ſans doute, eſt aſſez d'importance,
  Pour affecter la circonſtance,
  De l'éclaircir aux yeux de tous.
Alcmene attend de moi ce public témoignage,
Sa vertu, que l'éclat de ce déſordre outrage,
Veut qu'on la juſtifie : & j'en vais prendre ſoin.
C'eſt à quoi mon amour envers elle m'engage ;
Et des plus nobles chefs je fais un aſſemblage,
Pour l'éclairciſſement, dont ſa gloire a beſoin.
Attendant avec vous ces témoins ſouhaités,
  Ayez, je vous prie, agréable
  De venir honorer la table,
  Où vous a Soſie invités.
   S O S I E.
Je ne me trompois pas, Meſſieurs, ce mot termine
  Toute l'irréſolution ;
  Le véritable Amphitryon,
  Eſt l'Amphitryon où l'on dîne.
  A M P H I T R Y O N.
O Ciel ! Puis-je plus bas me voir humilié ?
Quoi ? Faut-il que j'entende ici, pour mon martyre,
Tout ce que l'impoſteur à mes yeux vient de dire ;
Et que dans la fureur que ce diſcours m'inſpire,
  On me tienne le bras lié ?
  N A U C R A T E S *à Amphitryon.*
Vous vous plaignez à tort. Permettez-nous d'attendre
  L'éclairciſſement, qui doit rendre
  Les reſſentimens de ſaiſon.
  Je ne ſçai pas s'il impoſe :
  Mais il parle ſur la choſe
  Comme s'il avoit raiſon.

AMPHITRYON.
Allez, foibles amis, & flattez l'imposture.
Thebes en a pour moi de tout autres que vous ;
Et je vais en trouver qui, partageant l'injure,
Sçauront prêter la main à mon juste courroux.
JUPITER.
Hé bien, je les attends ; & sçaurai décider
   Le différend en leur presence.
AMPHITRYON.
Fourbe, tu crois par-là peut-être t'évader ;
Mais rien ne te sçauroit sauver de ma vengeance.
JUPITER.
   A ces injurieux propos
   Je ne daigne à present répondre ;
   Et tantôt je sçaurai confondre
   Cette fureur avec deux mots.
AMPHITRYON.
Le Ciel même, le Ciel ne t'y sçauroit souftraire ;
Et, jusques aux enfers, j'irai suivre tes pas.
JUPITER.
   Il ne sera pas nécessaire ;
Et l'on verra tantôt que je ne fuirai pas.
AMPHITRYON à part.
Allons, courons, avant que d'avec eux il sorte,
Assembler des amis qui suivent mon courroux ;
   Et chez moi venons à main forte,
   Pour le percer de mille coups.

SCENE VI.
JUPITER, NAUCRATES, POLIDAS, SOSIE.

JUPITER.

Point de façons, je vous conjure,
Entrons vîte dans la maison.
NAUCRATES.
Certes toute cette aventure
Confond le sens & la raison.
SOSIE.
Faites treve, Messieurs, à toutes vos surprises :
Et, pleins de joie, allez tabler jusqu'à demain.
(seul.)
Que je vais m'en donner, & me mettre en beau train
De raconter nos vaillantises !
Je brûle d'en venir aux prises ;
Et jamais je n'eus tant de faim.

SCENE VII.
MERCURE, SOSIE.

MERCURE.

ARrête. Quoi ! Tu viens ici mettre ton nez,
Impudent flaireur de cuisine ?
SOSIE.
Ah ! de grace, tout doux.
MERCURE.
Ah ! Vous y retournez ?
Je vous ajusterai l'échine.

SOSIE.
Hélas ! Brave & généreux moi,
Modére toi, je t'en supplie.
Sofie, épargne un peu Sofie,
Et ne te plais point tant à frapper deſſus toi.
MERCURE.
Qui, de t'appeller de ce nom,
A pû te donner la licence ?
Ne t'en ai-je pas fait une expreſſe défenſe,
Sous peine d'eſſuyer mille coups de bâton ?
SOSIE.
C'eſt un nom que tous deux nous pouvons, à la fois,
Poſſéder ſous un même maître.
Pour Sofie, en tous lieux, on ſçait me reconnoître,
Je ſouffre bien que tu le ſois,
Souffre auſſi que je le puiſſe être.
Laiſſons aux deux Amphitryons
Faire éclater des jalouſies ;
Et, parmi leurs contentions,
Faiſons, en bonne paix, vivre les deux Sofies.
MERCURE.
Non, c'eſt aſſez d'un ſeul, & je ſuis obſtiné
A ne point ſouffrir de partage.
SOSIE.
Du pas devant, ſur moi, tu prendras l'avantage ;
Je ſerai le cadet, & tu ſeras l'aîné.
MERCURE.
Non, un frere incommode, & n'eſt pas de mon goût,
Et je veux être fils unique.
SOSIE.
O cœur barbare & tyrannique !
Souffre qu'au moins je ſois ton ombre.
MERCURE.
Point du tout.
SOSIE.
Que d'un peu de pitié ton ame s'humaniſe ;
En cette qualité, ſouffre-moi près de toi.

COMEDIE.

Je te ferai par tout une ombre si soumise,
    Que tu seras content de moi.
MERCURE.
  Point de quartier ; immuable est la loi.
Si d'entrer là-dedans, tu prends encor l'audace,
    Mille coups en seront le fruit.
SOSIE.
    Las ! A quelle étrange disgrace,
  Pauvre Sosie, es-tu réduit ?
MERCURE.
    Quoi ! Ta bouche se licencie
A te donner encore un nom que je défends ?
SOSIE.
    Non, ce n'est pas moi que j'entends ;
    Et je parle d'un vieux Sosie,
    Qui fut jadis de mes parens,
    Qu'avec très-grande barbarie,
A l'heure du dîné, l'on chassa de céans.
MERCURE.
Prends garde de tomber dans cette frénésie,
Si tu veux demeurer au nombre des vivans.
SOSIE *à part*.
Que je te rosserois, si j'avois du courage,
Double fils de putain, de trop d'orgueil enflé !
MERCURE.
Que dis-tu ?
SOSIE.
  Rien.
MERCURE.
  Tu tiens, je crois, quelque langage ?
SOSIE.
Demandez, je n'ai pas soufflé.
MERCURE.
Certain mot de fils de putain
A pourtant frappé mon oreille ;
Il n'est rien de plus certain.
SOSIE.
C'est donc un perroquet que le beau tems réveille.

D 5

MERCURE.
Adieu. Lorsque le dos pourra te demanger
Voilà l'endroit où je demeure.
SOSIE seul.
O Ciel ! Que l'heure de manger,
Pour être mis dehors, est une maudite heure !
Allons, cédons au sort dans notre affliction,
Suivons-en aujourd'hui l'aveugle fantaisie :
Et, par une juste union,
Joignons le malheureux Sosie,
Au malheureux Amphitryon.
Je l'apperçois venir en bonne compagnie.

SCENE VIII.

AMPHITRYON, ARGATIPHONTI-
DAS, POSICLES, SOSIE *dans un coin
du Théatre, sans être apperçu.*

AMPHITRYON *à plusieurs autres Officiers qui
l'accompagnent.*

ARrêtez-là, Messieurs. Suivez-nous d'un peu loin,
Et n'avancez tous, je vous prie,
Que quand il en sera besoin.
POSICLES.
Je comprends que ce coup doit fort toucher votre ame.
AMPHITRYON.
Ah ! De tous les côtés, mortelle est ma douleur;
Et je souffre pour ma flamme,
Autant que pour mon honneur.
POSICLES.
Si cette ressemblance est telle que l'on dit,
Alcmene, sans être coupable......

COMEDIE.
AMPHITRYON.
Ah ! Sur le fait dont il s'agit,
L'erreur simple devient un crime véritable ;
Et, sans consentement, l'innocence y périt.
De semblables erreurs, quelque jour qu'on leur donne,
   Touchent des endroits délicats ;
  Et la raison bien souvent les pardonne,
Que l'honneur & l'amour ne les pardonnent pas.
ARGATIPHONTIDAS.
Je n'embarrasse point là-dedans ma pensée ;
Mais je hais vos Messieurs de leurs honteux délais ;
Et c'est un procédé dont j'ai l'ame blessée,
Et que les gens de cœur n'approuveront jamais.
Quand quelqu'un nous emploie, on doit, tête baissée,
   Se jetter dans ses intérêts.
Argatiphontidas ne va point aux accords.
Ecouter, d'un ami raisonner l'adversaire,
Pour des hommes d'honneur n'est point un coup à faire ;
Il ne faut écouter que la vengeance alors.
   Le procès ne me sçauroit plaire,
Et l'on doit commencer toujours, dans ses transports,
   Par bailler, sans autre mystere,
   De l'épée au travers du corps,
   Oui, vous verrez, quoi qu'il avienne,
Qu'Argatiphontidas marche droit sur ce point ;
   Et, de vous, il faut que j'obtienne,
   Que le pendard ne meure point
   D'une autre main que de la mienne.
AMPHITRYON.
Allons.
SOSIE *à Amphitryon.*
Je viens, Monsieur, subir à deux genoux,
Le juste châtiment d'une audace maudite.
Frappez, battez, chargez, accablez-moi de coups,

AMPHITRYON,

Tuez-moi dans votre courroux,
Vous ferez bien, je le mérite ;
Et je n'en dirai pas un seul mot contre vous.

AMPHITRYON.

Leve-toi. Que fait-on ?

SOSIE.

L'on m'a chaffé tout net ;
Et, croyant à manger m'aller comme eux ébattre,
Je ne fongeois pas qu'en effet
Je m'attendois-là pour me battre.
Oui, l'autre moi, valet de l'autre vous, a fait
Tout de nouveau le diable à quatre.
La rigueur d'un pareil deftin,
Monfieur, aujourd'hui nous talonne ;
Et l'on me def-Sofie enfin,
Comme on vous def-Amphitryonne.

AMPHITRYON.

Suis-moi.

SOSIE.

N'eft-il pas mieux de voir s'il vient perfonne ?

SCENE IX.

CLÉANTHIS, AMPHITRYON, ARGATIPHONTIDAS, POLIDAS, NAUCRATES, POSICLES, SOSIE.

CLÉANTHIS.

O Ciel !

AMPHITRYON.

Qui t'épouvante ainfi ?
Quelle eft la peur que je t'infpire ?

CLÉANTHIS.

Las ! Vous êtes là-haut, & je vous vois ici.

COMÉDIE. 85
NAUCRATES à *Amphitryon*.
Ne vous preſſez point, le voici,
Pour donner, devant tous, les clartés qu'on deſire,
Et qui, ſi l'on peut croire à ce qu'il vient de dire,
Sçauront vous affranchir de trouble & de ſouci.

SCENE X.

MERCURE, AMPHITRYON, ARGATIPHONTIDAS, POLIDAS, NAUCRATES, POSICLES, CLEANTHIS, SOSIE.

MERCURE.

Oui, vous l'allez voir tous, & ſçachez par avance,
  Que c'eſt le grand maître de Dieux,
Que, ſous les trais chéris de cette reſſemblance,
Alcmene a fait du Ciel deſcendre dans ces lieux.
  Et quant à moi, je ſuis Mercure,
Qui, ne ſachant que faire, ai roſſé tant ſoit peu
  Celui, dont j'ai pris la figure;
Mais de s'en conſoler il a maintenant lieu;
  Et les coups de bâton d'un Dieu
  Font honneur à qui les endure.

SOSIE.

Ma foi, Monſieur le Dieu, je ſuis votre valet:
Je me ſerois paſſé de votre courtoiſie.

MERCURE

Je lui donne à preſent congé d'être Soſie,
Je ſuis las de porter un viſage ſi laid;
Et je m'en vais au Ciel, avec de l'ambroſie,
  M'en débarbouiller tout-à-fait.
  (*Mercure s'envole dans le Ciel.*)

SOSIE.

Le Ciel de m'approcher t'ôte à jamais l'envie!

Ta fureur, s'est par trop acharnée après moi ;
Et je ne vis de ma vie
Un Dieu plus diable que toi.

SCENE DERNIERE.
JUPITER, AMPHITRYON, NAUCRATES, ARGATIPHONTIDAS, POLIDAS, POSICLES, CLEANTHIS, SOSIE.

JUPITER *annoncé par le bruit du tonnerre, armé de son foudre, dans un nuage sur son aigle.*

REgarde, Amphitryon, quel est ton imposteur ;
Et sous tes propres traits, vois Jupiter paroître.
A ces marques, tu peux aisément le connoître ;
Et c'est assez, je crois, pour remettre ton cœur
    Dans l'état auquel il doit être,
  Et rétablir chez toi la paix & la douceur.
Mon nom, qu'incessamment toute la terre adore,
Etouffe ici les bruits qui pouvoient éclater.
    Un partage avec Jupiter
    N'a rien du tout qui deshonore ;
Et, sans doute, il ne peut être que glorieux,
De se voir le rival du souverain des Dieux.
Je n'y vois, pour ta flamme, aucun lieu de murmure ;
    Et c'est moi, dans cette aventure,
Qui, tout Dieu que je suis, dois être le jaloux.
Alcmene est toute à toi, quelque soin qu'on emploie,
Et ce doit à tes feux être un objet bien doux,
De voir que, pour lui plaire il n'est point d'autre voie,
    Que de paroître son époux.

COMEDIE.

Que Jupiter, orné de sa gloire immortelle,
Par lui-même n'a pu triompher de sa foi;
  Et que ce qu'il a reçu d'elle,
N'a par son cœur ardent été donné qu'à toi.

SOSIE.

Le Seigneur Jupiter sçait dorer la pilule.

JUPITER.

Sors donc des noirs chagrins que ton cœur a souf-
 ferts,
Et rends le calme entier à l'ardeur qui te brûle;
Chez toi doit naître un fils qui, sous le nom d'Her-
 cule,
Remplira de ses faits tout le vaste Univers.
L'éclat d'une fortune en mille biens féconde,
Fera connoître à tous que je suis ton support;
  Et je mettrai tout le monde
  Au point d'envier ton sort.
  Tu peux hardiment te flatter
  De ces espérances données;
  C'est un crime que d'en douter.
  Les paroles de Jupiter
  Sont des arrêts des destinées.

(*Il se perd dans les nues.*)

NAUCRATES.

Certes, je suis ravi de ces marques brillantes....

SOSIE.

Messieurs, voulez-vous bien suivre mon sentiment?
  Ne vous embarquez nullement
  Dans ces douceurs congratulantes,
  C'est un mauvais embarquement;
Et d'une & d'autre part, pour un tel compliment,
  Les phrases sont embarrassantes.
Le grand Dieu Jupiter nous fait beaucoup d'hon-
 neur,
Et sa bonté, sans doute, est pour nous sans seconde,
  Il nous promet l'infaillible bonheur
  D'une fortune en mille biens féconde,

Et chez nous il doit naître un fils d'un très-grand cœur,
Tout cela va le mieux du monde ;
Mais enfin coupons au discours ;
Et que chacun chez soi doucement se retire.
Sur telles affaires toujours,
Le meilleur est de ne rien dire.

F I N.

L'AVARE,
COMÉDIE.

ACTEURS.

HARPAGON, Pere de Cléante & d'Elife, & Amoureux de Mariane.
ANSELME, Pere de Valere & de Mariane.
CLEANTE, Fils d'Harpagon, Amant de Mariane.
ÉLISE, Fille d'Harpagon.
VALERE, Fils d'Anfelme, & Amant d'Elife.
MARIANE, Fille d'Anfelme.
FROSINE, Femme d'intrigue.
MAISTRE SIMON, Courtier.
MAISTRE JACQUES, Cuifinier & Cocher d'Harpagon.
LA FLECHE, Valet de Cléante.
DAME CLAUDE, Servante d'Harpagon.
BRINDAVOINE, } Laquais d'Harpagon.
LA MERLUCHE, }
UN COMMISSAIRE.

La Scene eft à Paris, dans la Maifon d'Harpagon.

L'AVARE

L'AVARE
COMEDIE.

ACTE PREMIER.

SCENE PREMIERE.
VALERE, ELISE.

VALERE.

É quoi, charmante Elife, vous devenez mélancolique, après les obligeantes affurances que vous avez eu la bonté de me donner de votre foi? je vous vois foupirer, hélas! au milieu de ma joie. Est-ce du regret, dites-moi, de m'avoir fait heureux, & vous repentez-vous de cet engagement où mes feux ont pu vous contraindre?

ELISE.

Non, Valere, je ne puis pas me repentir de tout ce que je fais pour vous. Je m'y fens entraîner par une trop douce puiffance, & je n'ai pas même la force de fouhaiter que les chofes ne fuffent pas. Mais, à vous dire vrai, le succès me donne de l'inquiétude; & je crains fort de vous aimer un peu plus que je ne devrois.

VALERE.

Hé, que pouvez-vous craindre, Elise, dans les bontés que vous avez pour moi?

ELISE.

Hélas! cent choses à la fois. L'emportement d'un pere, les reproches d'une famille, les censures du monde ; mais, plus que tout, Valere, le changement de votre cœur, & cette froideur criminelle dont ceux de votre sexe paient, le plus souvent, les témoignages trop ardens d'un innocent amour.

VALERE.

Ah! ne me faites pas ce tort, de juger de moi par les autres. Soupçonnez-moi de tout, Elise, plutôt que de manquer à ce que je vous dois. Je vous aime trop pour cela; & mon amour pour vous durera autant que ma vie.

ELISE.

Ah! Valere, chacun tient les mêmes discours. Tous les hommes sont semblables par les paroles ; & ce n'est que les actions, qui les découvrent différens.

VALERE.

Puisque les seules actions font connoître ce que nous sommes attendez donc, au moins, à juger de mon cœur par elles ; & ne me cherchez point des crimes dans les injustes craintes d'une fâcheuse prévoyance. Ne m'assassinez point, je vous prie, par les sensibles coups d'un soupçon outrageux, & donnez-moi le tems de vous convaincre, par mille & mille preuves, de l'honnêteté de mes feux.

ELISE.

Hélas! qu'avec facilité on se laisse persuader par les personnes que l'on aime! oui Valere, je tiens votre cœur incapable de m'abuser. Je crois que vous m'aimez d'un véritable amour, & que vous me serez fidele; je n'en veux point du tout douter, & je retranche mon chagrin aux appréhenfions du blâme qu'on pourra me donner.

VALERE.
Mais pourquoi cette inquiétude?

ELISE.
Je n'aurois rien à craindre, fi tout le monde vous voyoit des yeux dont je vous vois; & je trouve en votre perfonne de quoi avoir raifon aux chofes que je fais pour vous. Mon cœur, pour fa défenfe, a tout votre mérite, appuyé du fecours d'une reconnoiffance où le Ciel m'engage envers vous. Je me reprefente, à toute heure, ce péril étonnant qui commença de nous offrir aux regards l'un de l'autre, cette générofité furprenante, qui vous fit rifquer votre vie, pour dérober la mienne à la fureur des ondes, ces foins pleins de tendreffe, que vous me fites éclater après m'avoir tirée de l'eau, & les hommages affidus de cet ardent amour, que ni le tems, ni les difficultés, n'ont rebuté; & qui vous faifant négliger & parens & patrie, arrête vos pas en ces lieux, y tient en ma faveur votre fortune déguifée; & vous a réduit, pour me voir, à vous revêtir de l'emploi de domeftique de mon pere. Tout cela fait chez moi, fans doute, un merveilleux effet, & c'en eft affez, à mes yeux, pour me juftifier l'engagement où j'ai pu confentir; mais ce n'eft pas affez, peutêtre, pour le juftifier aux autres, & je ne fuis pas fûre qu'on entre dans mes fentimens.

VALERE.
De tout ce que vous avez dit, ce n'eft que par mon feul amour que je prétends, auprès de vous, mériter quelque chofe; &, quant aux fcrupules que vous avez, votre pere lui-même ne prend que trop de foin de vous juftifier à tout le monde; & l'excès de fon avarice, & la maniere auftere dont il vit avec fes enfans, pourroient autorifer des chofes plus étranges. Pardonnez-moi, charmante Elife, fi j'en parle ainfi devant vous. Vous fçavez que, fur ce

chapitre, on n'en peut pas dire du bien. Mais enfin, si je puis, comme je l'espere, retrouver mes parens, nous n'aurons pas beaucoup de peine à nous le rendre favorable. J'en attends des nouvelles avec impatience; & j'en irai chercher moi-même, si elles tardent à venir.

ELISE.

Ah! Valere, ne bougez d'ici, je vous prie, & songez seulement à vous bien mettre dans l'esprit de mon pere.

VALERE.

Vous voyez comme je m'y prends, & les adroites complaisances qu'il m'a fallu mettre en usage, pour m'introduire à son service; sous quel masque de sympathie, & de rapports de sentimens, je me déguise pour lui plaire, & quel personnage je joue tous les jours avec lui, afin d'acquérir sa tendresse. J'y fais des progrès admirables, & j'éprouve que, pour gagner les hommes, il n'est point de meilleure voie, que de se parer à leurs yeux de leurs inclinations, que de donner dans leurs maximes, encenser leurs défauts, & applaudir ce qu'ils font. On n'a que faire d'avoir peur de trop charger la complaisance, & la maniere dont on les joue a beau être visible, les plus fins sont toujours de grandes dupes du côté de la flatterie, & il n'y a rien de si impertinent & de si ridicule, qu'on ne fasse avaler, lorsqu'on l'assaisonne en louanges. La sincérité souffre un peu au métier que je fais; mais, quand on a besoin des hommes, il faut bien s'ajuster à eux; & puisqu'on ne sçauroit les gagner que par-là, ce n'est pas la faute de ceux qui flattent, mais de ceux qui veulent être flattés.

ELISE.

Mais que ne tâchez-vous aussi à gagner l'appui de mon frere en cas que la servante s'avisât de révéler notre secret?

COMEDIE.
VALERE.

On ne peut pas ménager l'un & l'autre ; & l'esprit du pere, & celui du fils, sont des choses si opposées, qu'il est difficile d'accommoder ces deux confidences ensemble. Mais, vous, de votre part, agissez auprès de votre frere, & servez-vous de l'amitié qui est entre vous deux, pour le jetter dans nos intérêts. Il vient. Je me retire. Prenez ce tems pour lui parler, & ne lui découvrez de notre affaire, que ce que vous jugerez à propos.

ELISE.

Je ne sçais si j'aurai la force de lui faire cette confidence.

SCENE II.
CLEANTE, ELISE.

CLEANTE.

JE suis bien aise de vous trouver, seule, ma sœur ; & je brûlois de vous parler, pour m'ouvrir à vous d'un secret.

ELISE.

Me voilà prête à vous ouir mon frere. Qu'avez-vous à me dire ?

CLEANTE.

Bien des choses ma sœur, enveloppées dans un mot. J'aime.

ELISE.

Vous aimez ?

CLEANTE.

Oui, j'aime. Mais avant que d'aller plus loin, je je sçais que je dépens d'un pere, & que le nom de fils me soumet à ses volontés ; que nous ne devons point engager notre foi sans le consentement de ceux dont nous tenons le jour ; que le Ciel les a fait les maîtres de nos vœux, & qu'il nous eſt enjoint de n'en diſpoſer que par leur conduite ; que, n'étant prévenus d'aucune folle ardeur, ils ſont en état de ſe tromper bien moins que nous, & de voir beaucoup mieux ce qui nous eſt propre, qu'il en faut plutôt croire les lumieres de leur prudence que l'aveuglement de notre paſſion ; & que l'emportement de la jeuneſſe nous entraîne le plus ſouvent dans des précipices fâcheux. Je vous dis tout cela, ma ſœur, afin que vous ne vous donniez pas la peine de me le dire ; car enfin mon amour ne veut rien écouter, & je vous prie de ne me point faire de remontrances.

ELISE.

Vous êtes-vous engagé, mon frere, avec celle que vous aimez ?

CLEANTE.

Non ; mais j'y ſuis réſolu, & je vous conjure, encore une fois, de ne me point apporter de raiſons pour m'en diſſuader.

ELISE.

Suis-je, mon frere, une ſi étrange perſonne !

CLEANTE.

Non, ma ſœur ; mais vous n'aimez pas. Vous ignorez la douce violence qu'un tendre amour fait ſur nos cœurs & j'appréhende votre ſageſſe.

ELISE.

Hélas ! mon frere, ne parlons point de ma ſageſſe. Il n'eſt perſonne qui n'en manque, du moins une fois en ſa vie ; &, ſi je vous ouvre mon cœur, peut-être ſerai-je à vos yeux bien moins ſage que vous.

CLEANTE

Ah ! plût au Ciel, que votre ame comme la mienne...

ELISE.

Finiſſons auparavant votre affaire, & me dites qui eſt celle que vous aimez.

CLEANTE.

Un jeune perſonne qui loge depuis peu en ces quartiers & qui ſemble être faite pour donner de l'amour

à

COMEDIE.

à tous ceux qui la voient. La nature, ma sœur, n'a rien formé de plus aimable; & je me sentis transporté, dès le moment que je la vis. Elle se nomme Mariane, & vit sous la conduite d'une bonne-femme de mere qui est presque toujours malade, & pour qui cette aimable fille a des sentimens d'amitié qui ne sont pas imaginables. Elle la sert, la plaint, & la console avec une tendresse qui vous toucheroit l'ame. Elle se prend d'un air le plus charmant du monde aux choses qu'elle fait; & l'on voit briller mille graces en toutes ses actions, une douceur pleine d'attraits, une bonté toute engageante, une honnêteté adorable, une.... Ah, ma sœur, je voudrois que vous l'eussiez vue!

ELISE.

J'en vois beaucoup, mon frere, dans les choses que vous me dites; &, pour comprendre ce qu'elle est, il me suffit que vous l'aimez.

CLEANTE.

J'ai découvert, sous main, qu'elles ne sont pas fort accommodées, & que leur discrette conduite a de la peine à étendre à tous leurs besoins le bien qu'elles peuvent avoir. Figurez-vous, ma sœur, quelle joie ce peut être, que de relever la fortune d'une personne que l'on aime, que de donner adroitement quelques petits secours aux modestes nécessités d'une vertueuse famille; & concevez quel déplaisir ce m'est de voir que, par l'avarice d'un pere, je sois dans l'impuissance de goûter cette joie, & de faire éclater à cette belle aucun témoignage de mon amour.

ELISE.

Oui, je conçois assez, mon frere, quel doit être votre chagrin.

CLEANTE.

Ah! Ma sœur, il est plus grand qu'on ne peut croire. Car enfin, peut-on rien voir de plus cruel, que cette rigoureuse épargne qu'on exerce sur nous, que cette sécheresse étrange où l'on nous fait languir ? Hé, que nous servira d'avoir du bien, s'il ne nous vient que dans le tems que nous ne serons plus dans le bel âge d'en jouir, & si, pour m'entretenir même, il faut que maintenant je m'engage de tous côtés, si je suis réduit avec vous à chercher tous les jours le secours des Marchands, pour avoir moyen de porter des habits raisonnables ? Enfin, j'ai voulu vous parler, pour m'aider à sonder mon pere sur les sentimens où je suis ; &, si je l'y trouve contraire, j'ai résolu d'aller en d'autres lieux, avec cette aimable personne, jouir de la fortune que le Ciel voudra nous offrir. Je fais chercher par-tout, pour ce dessein, de l'argent à emprunter ; &, si vos affaires, ma sœur, sont semblables aux miennes, & qu'il faille que notre pere s'oppose à nos desirs, nous le quitterons-là tous deux, & nous affranchirons de cette tyrannie où nous tient, depuis si long-tems, son avarice insupportable.

ELISE.

Il est bien vrai que tous les jours il nous donne, de plus en plus, sujet de regretter la mort de notre mere ; & que...

CLEANTE.

J'entends sa voix, éloignons-nous un peu pour achever notre confidence, & nous joindrons après nos forces, pour venir attaquer la dureté de son humeur.

SCENE III.

HARPAGON, LA FLECHE.

HARPAGON.

HORS d'ici, tout-à-l'heure, & qu'on ne replique pas. Allons, que l'on détale de chez moi, maître juré filou, vrai gibier de potence.

COMEDIE.

LA FLECHE *à part.*

Je n'ai jamais rien vu de si méchant que ce maudit vieillard ; & je pense, sauf correction, qu'il a le diable au corps.

HARPAGON.

Tu murmure entre tes dents ?

LA FLECHE.

Pourquoi me chassez-vous ?

HARPAGON.

C'est bien à toi, pendard, à me demander des raisons ? Sors vîte, que je ne t'assomme.

LA FLECHE.

Qu'est-ce que je vous ai fait ?

HARPAGON.

Tu m'as fait, que je veux que tu sortes.

LA FLECHE.

Mon maître, votre fils m'a donné ordre de l'attendre.

HARPAGON.

Va-t-en l'attendre dans la rue, & ne sois point dans ma maison planté tout droit comme un piquet, à observer ce qui se passe, & faire ton profit de tout. Je ne veux point avoir sans cesse devant moi un espion de mes affaires, un traître, dont les yeux maudits assiégent toutes mes actions, dévorent ce que je possede, & furettent de tous côtés, pour voir s'il n'y a rien à voler.

LA FLECHE.

Comment diantre voulez-vous qu'on fasse pour vous voler ? Etes-vous un homme volable, quand vous renfermez toutes choses, & faites sentinelle jour & nuit ?

HARPAGON.

Je veux renfermer ce que bon me semble, & faire sentinelle comme il me plaît. Ne voilà pas de mes mouchards, qui prennent garde à ce qu'on fait. (*à part.*) Je tremble qu'il n'ait soupçonné quelque chose de mon argent. (*haut.*) Ne serois-tu point hom-

L'AVARE,

me à faire courir le bruit que j'ai chez moi de l'argent caché ?

LA FLECHE.
Vous avez de l'argent caché ?

HARPAGON.
Non, coquin, je ne dis pas cela. (*bas.*) J'enrage. (*haut.*) Je demande si, malicieusement, tu n'irois point faire courir le bruit que j'en ai.

LA FLECHE.
Hé, que nous importe, que vous en ayez, ou que vous n'en ayez pas, si c'est pour nous la même chose.

HARPAGON *levant la main pour donner un soufflet à la Fleche.*
Tu fais le raisonneur ? Je te baillerai de ce raisonnement-ci par les oreilles. Sors d'ici encore une fois.

LA FLECHE.
Hé bien, je sors.

HARPAGON.
Attends. Ne m'emportes-tu rien ?

LA FLECHE.
Que vous emporterois-je !

HARPAGON.
Viens-çà que je te voie. Montre-moi tes mains.

LA FLECHE.
Les voilà.

HARPAGON.
Les autres.

LA FLECHE.
Les autres ?

HARPAGON.
Oui.

LA FLECHE.
Les voilà.

HARPAGON *montrant les haut-de-chausses de la Fleche.*
N'as-tu rien mis ici dedans ?

LA FLECHE.
Voyez vous-même.

COMEDIE.

HARPAGON *tâtant le bas des haut-de-chausses de la Fleche.*

Ces grands haut-de-chausses sont propres à devenir les receleurs des choses qu'on dérobe ; & je voudrois qu'on en eût fait pendre quelqu'un.

LA FLECHE *à part.*

Ah ! Qu'un homme comme cela mériteroit bien ce qu'il craint, & que j'aurois de joie à le voler ?

HARPAGON.

Hé ?

LA FLECHE.

Quoi ?

HARPAGON.

Qu'est-ce que tu parles de voler ?

LA FLECHE.

Je dis que vous fouilliez bien par-tout, pour voir si je vous ai volé.

HARPAGON.

C'est ce que je veux faire.

(*Harpagon fouille dans les poches de la Fleche.*)

LA FLECHE.

La peste soit de l'avarice & des avaricieux ?

HARPAGON.

Comment ? Que dis-tu ?

LA FLECHE.

Ce que je dis ?

HARPAGON.

Oui. Qu'est-ce que tu dis d'avarice & d'avaricieu

LA FLECHE.

Je dis que la peste soit de l'avarice & des avaricieux.

HARPAGON.

De qui veux-tu parler ?

LA FLECHE.

Des avaricieux.

HARPAGON.

Et qui sont-ils ces avaricieux ?

LA FLECHE.

Des vilains & des ladres.

E 3

HARPAGON.
Mais qui est-ce que tu entends par-là ?
LA FLECHE.
De quoi vous mettez-vous en peine ?
HARPAGON.
Je me mets en peine de ce qu'il faut.
LA FLECHE.
Est-ce que vous croyez que je veux parler de vous ?
HARPAGON.
Je crois ce que je crois ; mais je veux que tu me dises à qui tu parles quand tu dis cela.
LA FLECHE.
Je parle.... Je parle à mon bonnet.
HARPAGON.
Et moi, je pourrois bien parler à ta barette.
LA FLECHE.
M'empêcherez-vous de maudire les avaricieux ?
HARPAGON.
Non ; mais je t'empêcherai de jaser, & d'être insolent. Tais-toi.
LA FLECHE.
Je ne nomme personne.
HARPAGON.
Je te rosserai, si tu parles.
LA FLECHE.
Qui se sent morveux, qu'il se mouche.
HARPAGON.
Te tairas-tu ?
LA FLECHE.
Oui, malgré moi.
HARPAGON.
Ah, ah !
LA FLECHE *montrant à Harpagon une poche de son juste-au-corps.*
Tenez, voilà encore une poche. Etes-vous satisfait ?
HARPAGON.
Allons, rend-le-moi sans te fouiller.

COMEDIE.

LA FLECHE.

Quoi ?

HARPAGON.

Ce que tu m'as pris.

LA FLECHE.

Je ne vous ai rien pris du tout.

HARPAGON.

Assurément ?

LA FLECHE.

Assurément.

HARPAGON.

Adieu. Va-t-en à tous les diables.

LA FLECHE *à part*.

Me voilà fort bien congédié.

HARPAGON.

Je te le mets sur ta conscience, au moins.

SCENE IV.

HARPAGON *seul*.

Voilà un pendard de valet qui m'incommode fort ; & je ne me plais point à voir ce chien de boiteux-là. Certes, ce n'est pas une petite peine de garder chez soi une grande somme d'argent ; & bienheureux qui a tout son fait bien placé, & ne conserve seulement que ce qu'il faut pour sa dépense. On n'est pas peu embarrassé à inventer dans toute une maison une cache fidelle ; car, pour moi, les coffres forts me sont suspects, & je ne veux jamais m'y fier. Je les tiens justement une franche amorce à voleurs ; & c'est toujours la première chose que l'on va attaquer.

SCENE V.

HARPAGON, ELISE & CLEANTE
parlant ensemble, & restant dans le fond du Théatre.

HARPAGON *se croyant seul.*

CEpendant je ne sçais si j'aurai bien fait d'avoir enterré dans mon jardin dix mille écus qu'on me rendit hier. Dix mille écus en or, chez soi, est
(*à part, appercevant Elise & Cléante.*)
une somme assez...O Ciel ! Je me serai trahi moi-même ; la chaleur m'aura emporté, & je crois que
(*à Cléante & à Elise.*)
j'ai parlé haut, en raisonnant tout seul. Qu'est-ce ?

CLEANTE.
Rien, mon pere.

HARPAGON.
Y a-t-il long-tems que vous êtes-là ?

ELISE.
Nous ne venons que d'arriver.

HARPAGON.
Vous avez entendu....

CLEANTE.
Quoi, mon pere ?

HARPAGON.
Là...

ELISE.
Quoi ?

HARPAGON.
Ce que je viens de dire.

CLEANTE.
Non.

HARPAGON.
Si-fait, si-fait.

COMEDIE.

ELISE.

Pardonnez-moi.

HARPAGON.

Je vois bien que vous en avez ouï quelques mots. C'est que je m'entretenois, en moi-même, de la peine qu'il y a aujourd'hui à trouver de l'argent, & je disois, qu'il est bienheureux qui peut avoir dix mille écus chez soi.

CLEANTE.

Nous feignons de vous aborder, de peur de vous interrompre.

HARPAGON.

Je suis bien-aise de vous dire cela ; afin que vous n'alliez pas prendre les choses de travers, & vous imaginer que je dise que c'est moi qui ai dix mille écus.

CLEANTE.

Nous n'entrons point dans vos affaires.

HARPAGON.

Plût à Dieu que je les eusse les dix mille écus !

CLEANTE.

Je ne crois pas....

HARPAGON.

Ce seroit une bonne affaire pour moi.

ELISE.

Ce sont des choses...

HARPAGON.

J'en aurois bon besoin.

CLEANTE.

Je pense que...

HARPAGON.

Cela m'accommoderois fort.

ELISE.

Vous êtes...

HARPAGON.

Et je ne me plaindrois pas comme je fais, que le tems est misérable.

E 5

CLEANTE.

Mon Dieu, mon pere, vous n'avez pas lieu de vous plaindre; & l'on fçait que vous avez affez de bien.

HARPAGON.

Comment, j'ai affez de bien ? Ceux qui l'ont dit en ont menti. Il n'y a rien de plus faux, & ce font des coquins qui font courir tous ces bruits-là.

ELISE.

Ne vous mettez point en colere.

HARPAGON.

Cela eſt étrange, que mes propres enfans me trahiſ-fent, & deviennent mes ennemis.

CLEANTE.

Eſt-ce être votre ennemi, que de dire que vous avez du bien?

HARPACON.

Oui. De pareils difcours, & les dépenſes que vous faites, feront caufe qu'un de fes jours, on viendra chez moi me couper la gorge, dans la penſée que je fuis tout confu de piſtoles.

CLEANTE.

Quelle grande dépenſe eſt-ce que je fais !

HARPAGON.

Quelle! Eſt-il rien de plus ſcandaleux que ce fomp-tueux équipage que vous promenez par la ville ? Je querellois hier votre fœur; mais c'eſt encore pis. Voilà qui crie vengeance au Ciel; &, à vous pren-dre depuis les pieds jufqu'à la tête, il y auroit-là de quoi faire une bonne conſtitution. Je vous l'ai dit vingt fois, mon fils, toutes vos manieres me déplaiſent fort, vous donnez furieuſement dans le Marquis; &, pour aller ainſi vêtu, il faut bien que vous me dérobiez.

CLEANTE.

Hé, comment vous dérober ?

HARPAGON.

Que fçais-je, moi ? Où pouvez-vous donc prendre de quoi entretenir l'état que vous portez ?

COMEDIE.

CLEANTE.

Moi, mon pere ? c'est que je joue ; &, comme je suis fort heureux, je mets sur moi tout l'argent que je gagne.

HARPAGON.

C'est fort mal-fait. Si vous êtes heureux au jeu, vous en devriez profiter ; & mettre à honnête intérêt l'argent que vous gagnez, afin de le trouver un jour. Je voudrois bien sçavoir, sans parler du reste, à quoi servent tous ces rubans dont vous voilà lardé depuis les pieds jusqu'à la tête, & si une demi-douzaine d'aiguillettes ne suffit pas pour attacher un haut-de-chausses. Il est bien nécessaire d'employer de l'argent à des perruques, lorsque l'on peut porter des cheveux de son crû, qui ne coûtent rien ? Je vais gager qu'en perruque & rubans ; il y a du moins vingt pistoles ; & vingt pistoles rapportent par année dix-huit livres six sols huit deniers, à ne les placer qu'au denier douze.

CLEANTE.

Vous avez raison.

HARPAGON.

Laissons cela, & parlons d'autres affaires. *(appercevant Cléante & Elise qui se font des signes.)* Hé ? *(bas à part.)* Je crois qu'ils se font signe l'un à l'autre de me voler ma bourse. *(haut.)* Que veulent dire ces gestes-là ?

ELISE.

Nous marchandons mon frere & moi, à qui parlera le premier ; & nous avons tous deux quelque chose à vous dire.

HARPAGON.

Et moi, j'ai quelque chose aussi à vous dire à tous deux.

CLEANTE.

C'est de mariage, mon pere, que nous desirons vous parler.

E 6

HARPAGON,

Et c'est de mariage aussi, que je veux vous entretenir.

ELISE.

Ah, mon pere!

HARPAGON.

Pourquoi ce cri? Est-ce le mot, ma fille, ou la chose qui vous fait peur?

CLEANTE.

Le mariage peut nous faire à tous deux de la façon que vous pouvez l'entendre; & nous craignons que nos sentimens ne soient pas d'accord avec votre choix.

HARPAGON.

Un peu de patience. Ne vous allarmez point. Je sçais ce qu'il faut à tous deux, & vous n'aurez, ni l'un ni l'autre, aucun lieu de vous plaindre de tout ce que je prétends faire; & pour commencer par un bout, (*à Cléante.*) avez-vous vu, dites-moi, une jeune personne appellée Mariane, qui ne loge pas loin d'ici?

CLEANTE.

Oui, mon pere.

HARPAGON.

Et vous?

ELISE.

J'en ai ouï parler.

HARPAGON.

Comment, mon fils, trouvez-vous cette fille?

CLEANTE.

Une fort charmante personne.

HARPAGON.

Sa physionomie?

CLEANTE.

Toute honnête, & pleine d'esprit.

HARPAGON.

Son air & sa maniere?

CLEANTE.

Admirables, sans doute.

COMEDIE.

HARPAGON.
Ne croyez-vous pas qu'une fille, comme cela, mériteroit assez que l'on songeât à elle?

CLEANTE.
Oui, mon pere.

HARPAGON.
Que ce seroit un parti souhaitable?

CLEANTE.
Très-souhaitable.

HARPAGON
Q'elle a toute la mine de faire un bon ménage?

CLEANTE.
Sans doute.

HARPAGON.
Et qu'un mari auroit satisfaction avec elle?

CLEANTE.
Assurément.

HARPAGON.
Il y a une petite difficulté. C'est que j'ai peur qu'il n'y ait pas, avec elle, tout le bien qu'on pourroit prétendre.

CLEANTE.
Ah! mon pere, le bien n'est pas considérable, lorsqu'il est question d'épouser une honnête personne.

HARPAGON.
Pardonnez-moi, pardonnez-moi. Mais ce qu'il y a à dire, est que, si l'on n'y trouve pas tout le bien qu'on souhaite, on peut tâcher de regagner cela sur autre chose.

CLEANTE.
Cela s'entend.

HARPAGON.
Enfin, je suis bien-aise de vous voir dans mes sentimens; car son maintien honnête & sa douceur m'ont gagné l'ame, & je suis résolu de l'épouser pourvu que j'y trouve quelque bien.

CLEANTE.
Hé?

L'AVARE,
HARPAGON.
Comment.
CLEANTE.
Vous êtes réfolu, dites-vous...
HARPAGON.
D'époufer Mariane.
CLEANTE.
Qui? vous? vous?
HARPAGON.
Oui, moi, moi, moi. Que veut dire cela?
CLEANTE.
Il m'a pris tout à coup un éblouiffement, & je me retire d'ici.
HARPAGON.
Cela ne fera rien. Allez vîte boire dans la cuifine un grand verre d'eau claire.

SCENE VI.
HARPAGON, ELISE.
HARPAGON.

Voilà de mes damoifeaux flouets, qui n'ont non plus de vigueur que des poules. C'eft-là, ma fille, ce que j'ai réfolu pour moi. Quant à ton frere, je lui deftine une certaine veuve dont, ce matin, on m'eft venu parler, &, pour toi, je te donne au Seigneur Anfelme.
ELISE.
Au Seigneur Anfelme?
HARPAGON.
Oui, un homme mûr, prudent & fage, qui n'a pas plus de cinquante ans, & dont on vante les grands biens.

COMEDIE.

ELISE *faisant la révérence.*

Je ne veux point me marier, mon pere, s'il vous plaît.

HARPAGON *contrefaisant Elise.*

Et moi, ma petite fille, ma mie, je veux que vous vous mariez, s'il vous plaît.

ELISE *faisant encore la révérence.*

Je vous demande pardon, mon pere.

HARPAGON *contrefaisant Elise.*

Je vous demande pardon, ma fille.

ELISE.

Je suis très-humble servante au Seigneur Anselme; mais, (*faisant encore la révérence*) avec votre permission, je ne l'épouserai point.

HARPAGON.

Je suis votre très-humble valet; mais, (*contrefaisant Elise.*) avec votre permission, vous l'épouserez dès ce soir.

ELISE.

Dès ce soir?

HARPAGON.

Dès ce soir?

ELISE *faisant encore la révérence.*

Cela ne sera pas, mon pere.

HARPAGON *contrefaisant encore Elise.*

Cela sera, ma fille.

ELISE.

Non.

HARPAGON.

Si.

ELISE.

Non, vous dis-je.

HARPAGON.

Si, vous dis-je.

ELISE.

C'est une chose où vous ne me réduirez point.

HARPAGON.

C'est une chose où je te réduirai.

L'AVARE,
ELISE.
Je me tuerai plutôt, que d'épouser un tel mari.
HARPAGON.
Tu ne te tueras poins, & tu l'épouseras. Mais voyez quelle audace ! A-t-on jamais vu une fille parler de la sorte à son pere ?
ELISE.
Mais a-t-on jamais vu un pere marier sa fille de la sorte ?
HARPAGON.
C'est un parti où il n'y a rien à redire ; & je gage que tout le monde approuvera mon choix.
ELISE.
Et moi, je gage qu'il ne sçauroit être approuvé d'aucune personne raisonnable.
HARPAGON *appercevant Valere de loin.*
Voilà Valere. Veux-tu qu'entre nous deux nous le fassions juge de cette affaire.
ELISE.
J'y consens.
HARPAGON.
Te rendras-tu à son jugement ?
ELISE.
Oui. J'en passerai par ce qu'il dira.
HARPAGON.
Voilà qui est fait.

SCENE VII.
VALERE, HARPAGON, ELISE.
HARPAGON.
Ici, Valere. Nous t'avons élu pour nous dire qui a raison, de ma fille, ou de moi ?

COMEDIE.

VALERE.
C'est vous, Monsieur, sans contredit.
HARPAGON.
Sçais-tu bien de quoi nous parlons ?
VALERE.
Non. Mais vous ne sçauriez avoir tort, & vous êtes toute raison.
HARPAGON.
Je veux ce soir lui donner pour époux un homme aussi riche que sage ; & la coquine me dit au nez, qu'elle se moque de le prendre. Que dis-tu de cela ?
VALERE.
Ce que j'en dis ?
HARPAGON.
Oui.
VALERE.
Hé hé !
HARPAGON.
Quoi ?
VALERE.
Je dis que, dans le fond, je suis de votre sentiment, & vous ne pouvez pas que vous n'ayez raison. Mais aussi n'a-t-elle pas tort tout-à-fait ; &...
HARPAGON.
Comment ! Le Seigneur Anselme est un parti considérable, c'est un gentilhomme qui est noble, doux, posé, sage & fort accommodé, & auquel il ne reste aucun enfant de son premier mariage. Sçauroit-elle mieux rencontrer ?
VALERE.
Cela est vrai. Mais elle pourroit vous dire que c'est un peu précipiter les choses, & qu'il faudroit au moins quelque tems pour voir si son inclination pourroit s'accorder avec....
HARPAGON.
C'est une occasion qu'il faut prendre vîte aux cheveux. Je trouve ici un avantage qu'ailleurs je ne trouverois pas, & il s'engage à la prendre sans dot.

L'AVARE,

VALERE.

Sans dot?

HARPAGON,

Oui.

VALERE.

Ah ! Je ne dis plus rien. Voyez-vous ? Voilà une raison tout-à-fait convaincante ; il se faut rendre à cela.

HARPAGON.

C'ſtpo ur moi une épargne conſidérable.

VALERE.

Aſſurément ; cela ne reçoit point de contradiction. Il eſt vrai que votre fille vous peut repréſenter que le mariage eſt une plus grande affaire qu'on ne peut croire ; qu'il y va d'être heureux ou malheureux toute ſa vie ; & qu'un engagement qui doit durer juſqu'à la mort, ne ſe doit jamais faire qu'avec de grandes précautions.

HARPAGON.

Sans dot.

VALERE.

Vous avez raiſon. Voilà qui décide de tout, cela s'entend. Il y a des gens qui pourroient vous dire qu'en de telles occaſions, l'inclination d'une fille eſt une choſe, ſans doute, où l'on doit avoir de l'égard ; & que cette grande inégalité d'âge, d'humeur & de ſentimens, rend un mariage ſujet à des accidens très-fâcheux.

HARPAGON.

Sans dot.

VALERE.

Ah ! Il n'y a pas de replique à cela, on le ſçait bien. Qui diantre peut aller là contre ? Ce n'eſt pas qu'il n'y ait quantité de peres qui aimeroient mieux ménager la ſatisfaction de leurs filles, que l'argent qu'ils pourroient donner ; qui ne les voudroient point ſacrifier à l'intérêt, & chercheroient, plus que toute autre choſe à mettre, dans

COMÉDIE.

un mariage, cette douce conformité qui fans cesse y maintien l'honneur, la tranquillité & la joie; & que...

HARPAGON.
Sans dot.

VALERE.
Il est vrai, cela ferme la bouche à tout. Sans dot? Le moyen de résister à une raison comme celle-là?

HARPAGON *à part, regardant du côté du Jardin.*
Ouais ! il me semble que j'entends un chien qui aboie, N'est-ce point qu'on en voudroit à mon argent?
(*à Valere.*)
Ne bougez, je reviens tout à l'heure.

SCENE VIII.

ELISE, VALERE.

ELISE.

Vous moquez-vous, Valere, de lui parler comme vous faites?

VALERE.
C'est pour ne point l'aigrir, & pour en venir mieux à bout. Heurter de front ses sentimens est le moyen de tout gâter ; & il y a de certains esprits qu'il ne faut prendre qu'en biaisant, des tempéramens ennemis de toute résistance, des naturels rétifs, que la vérité fait cabrer, qui toujours se roidissent contre le droit chemin de la raison, & qu'on ne mene qu'en tournant où l'on veut les conduire. Faites semblant de consentir à ce qu'il veut, vous en viendrez mieux à vos fins, &...

ELISE.
Mais ce mariage, Valere?

VALERE.
On cherchera des biais pour le rompre.
ELISE.
Mais quelle invention trouver, s'il se doit conclure ce soir?
VALERE.
Il faut demander un délai, & feindre quelque maladie.
ELISE.
Mais on découvrira la feinte, si l'on appelle des Médecins.
VALERE.
Vous moquez-vous? Y connoissent-ils quelque chose? Allez, allez, vous pourrez avec eux avoir quel mal il vous plaira, ils vous trouveront des raisons pour vous dire d'où cela vient.

SCENE IX.

HARPAGON, ELISE, VALERE.

HARPAGON *à part dans le fond du Théatre.*

CE n'est rien, Dieu merci.
VALERE *sans voir Harpagon.*
Enfin, notre dernier recours, c'est que la fuite nous peut mettre à couvert de tout, & si votre amour, belle Elise, est capable d'une fermeté.... (*appercevant Harpagon.*) Oui; il faut qu'une fille obéisse à son pere. Il ne faut point qu'elle regarde comme un mari est fait; & lorsque la grande raison de sans dot, s'y rencontre, elle doit être prête à prendre tout ce qu'on lui donne.
HARPAGON.
Bon. Voilà bien parler cela.

VALERE.

Monsieur, je vous demande pardon si je m'emporte un peu, & prends la hardiesse de lui parler comme je fais.

HARPAGON.

Comment, j'en suis ravi, & je veux que tu prennes sur elle un pouvoir absolu. (*à Elise.*) Oui, tu as beau faire, & je lui donne l'autorité que le Ciel me donne sur toi, & j'entends que tu fasses tout ce qu'il te dira.

VALERE *à Elise.*

Après cela, résistez à mes remontrances.

SCENE X.

HARPAGON, VALERE,

VALERE.

Monsieur, je vais la suivre, pour lui continuer les leçons que je lui faisois.

HARPAGON.

Oui, tu m'obligeras, certes.

VALERE.

Il est bon de lui tenir un peu la bride haute.

HARPAGON.

Cela est vrai. Il faut.....

VALERE.

Ne vous mettez pas en peine. Je crois que j'en viendrai à bout.

HARPAGON.

Fais, fais. Je m'en vais faire un petit tour en ville, & reviens tout à l'heure.

VALERE *adressant la parole à Elise, en s'en allant du côté par où elle est sortie.*

Oui, l'argent est plus précieux que toutes les choses du monde, & vous devez rendre graces au Ciel, de l'honnête-homme de pere qu'il vous a donné. Il fçait ce que c'eſt que de vivre. Lorſqu'on s'offre de prendre une fille ſans dot, on ne doit point regarder plus avant. Tout eſt renfermé là-dedans ; & ſans dot, tient lieu de beauté, de jeuneſſe, de naiſſance, d'honneur, de ſageſſe & de probité.

HARPAGON *ſeul.*

Ah, le brave garçon ! Voilà parler comme un oracle. Heureux qui peut avoir un domeſtique de la ſorte.

Fin du premier Acte.

ACTE II.

SCENE PREMIERE.
CLEANTE, LA FLECHE.

CLEANTE.

AH! traître que tu es, où t'es-tu donc allé fourrer? Ne t'avois-je pas donné ordre....

LA FLECHE.

Oui, Monsieur, je m'étois rendu ici pour vous attendre de pied ferme; mais, Monsieur votre pere, le plus mal gracieux des hommes, m'a chassé dehors malgré moi, & j'ai couru risque d'être battu.

CLEANTE.

Comment va notre affaire? Les choses pressent plus que jamais. Depuis que je ne t'ai vu, j'ai découvert que mon pere est mon rival.

LA FLECHE.

Votre pere amoureux?

CLEANTE.

Oui; & j'ai eu toutes les peines du monde à lui cacher le trouble où cette nouvelle m'a mis.

LA FLECHE.

Lui, se mêler d'aimer! De quoi diable s'avise-t-il? Se moque-t-il du monde, & l'amour a-t-il été fait pour des gens bâtis comme lui?

CLEANTE.

Il a fallu, pour mes péchés, que cette passion lui soit venue en tête.

LA FLECHE.

Mais par quelle raison lui faire un mystere de votre amour?

CLEANTE.

Pour lui donner moins de soupçon, & me conferver au besoin des ouvertures plus aisées pour détourner ce mariage. Qu'elle réponse t'a-t-on fait ?

LA FLECHE.

Ma foi, Monsieur, ceux qui empruntent sont bien malheureux, & il faut essuyer d'étranges choses, lorsqu'on est réduit à passer, comme vous, par les mains des Fesse-Matthieux.

CLEANTE.

L'affaire ne se fera point ?

LA FLECHE.

Pardonnez-moi. Notre maître Simon, le courtier qu'on nous a donné, homme agissant, & plein de zèle, dit qu'il a fait rage pour vous, & il assure que votre seule physionomie lui a gagné le cœur.

CLEANTE.

J'aurai les quinze mille francs que je demande !

LA FLECHE.

Oui ; mais à quelques petites conditions qu'il faudra que vous acceptiez, si vous avez dessein que les choses se fassent.

CLEANTE.

T'a-t-il fait parler à celui qui doit prêter l'argent ?

LA FLECHE.

Ah ! vraiment, cela ne va pas de la sorte. Il apporte encore plus de soin de se cacher que vous, & ce sont des mysteres bien plus grands que vous ne pensez. On ne veut point du tout dire son nom, & l'on doit aujourd'hui l'aboucher avec vous dans une maison empruntée, pour être instruit par votre bouche, de votre bien, & de votre famille, & je ne doute point que le seul nom de votre pere ne rende les choses faciles.

CLEANTE.

Et principalement ma mere étant morte, dont on ne peut m'ôter le bien.

LA FLECHE.

Voici quelques articles qu'il a dictés lui-même à notre entremetteur, pour vous être montrés, avant que de rien faire. *Supposé*

Supposé que le prêteur voie toutes ses sûretés, & que l'emprunteur soit majeur, & d'une famille où le bien soit ample, solide, assuré, clair & net de tout embarras, on fera une bonne & exacte obligation par devant un Notaire, le plus honnête-homme qu'il se pourra, & qui, pour cet effet, sera choisi par le prêteur, auquel il importe le plus que l'Acte soit duement dressé.

CLEANTE.

Il n'y a rien à dire cela.

LA FLECHE.

Le prêteur, pour ne charger sa conscience d'aucun scrupule, prétend ne donner son argent qu'au denier dix-huit.

CLEANTE.

Au denier dix-huit? Parbleu, voilà qui est honnête. Il n'y a pas lieu de se plaindre.

LA FLECHE.

Cela est vrai.
Mais comme ledit prêteur n'a pas chez lui la somme dont il est question, & que, pour faire plaisir à l'emprunteur, il est contraint lui-même de l'emprunter d'un autre sur le pied du denier cinq, il conviendra que ledit premier emprunteur paie cet intérêt sans préjudice du reste, attendu que ce n'est que pour l'obliger, que ledit prêteur s'engage à cet emprunt.

CLEANTE.

Comment diable! Quel Juif! Quel Arabe est-ce là? C'est plus qu'au denier quatre.

LA FLECHE.

Il est vrai, c'est ce que j'ai dit. Vous avez à voir là-dessus.

CLEANTE.

Que veux-tu que je voie? J'ai besoin d'argent, & il faut que je consente à tout.

LA FLECHE.

C'est la réponse que j'ai faite.

CLEANTE.

Il y a encore quelque chose?

Tome V.

L'AVARE,

LA FLECHE.

Ce n'eſt plus qu'un petit article.
Des quinze mille francs qu'on demande, le prêteur ne pourra compter en argent que douze mille livres; &, pour les mille écus reſtans, il faudra que l'emprunteur prenne les hardes, nippes, bijoux dont s'enſuit le mémoire, & que ledit prêteur a mis de bonne-foi, au plus modique prix qui lui a été poſſible.

CLÉANTE.

Que veut dire cela?

LA FLECHE.

Ecoutez le mémoire.
Premiérement, un lit de quatre pieds, à bandes de point de Hongrie; appliquées fort proprement ſur un drap de couleur d'olive, avec ſix chaiſes, & la courtepointe de même, le tout bien conditionné, & doublé d'un petit taffetas changeant rouge & bleu.
Plus, un pavillon à queue, d'une bonne ſerge d'Aumale roſe ſeche, avec le molet & les franges de ſoie.

CLÉANTE.

Que veut-il que je faſſe de cela?

LA FLECHE.

Attendez.
Plus, une tenture de tapiſſerie des amours de Gombaud & de Macé.
Plus, une grande table de bois de noyer à douze colonnes en piliers tournés, qui ſe tire par les deux bouts, & garnie par le deſſous de ſix eſcabelles.

CLÉANTE.

Qu'ai-je affaire, morbleu...

LA FLECHE.

Donnez-vous patience.
Plus, trois gros mouſquets, tous garnis de nacre de perles, avec les fourchettes aſſortiſſantes.
Plus, un fourneau de brique avec deux cornues & trois récipiens, fort utiles à ceux qui ſont curieux de diſtiller.

CLEANTE.

J'enrage.

LA FLECHE.

Doucement.
Plus, un luth de Bologne, garni de toutes ses cordes, ou peu s'en faut.
Plus, un Trou-madame, & un Damier, avec un jeu de l'Oie, renouvellé des Grecs, fort propre à passer le tems, lorsque l'on n'a que faire.
Plus, une peau de lézard de trois pieds & demi, remplie de foin, curiosité agréable pour pendre au plancher d'une chambre.
Le tout ci-dessus mentionné, valant loyalement plus de quatre mille cinq. cens livres, & rabaissé à la valeur de mille écus, par la discrétion du prêteur.

CLEANTE.

Que la peste l'étouffe avec sa discrétion, le traître, le bourreau qu'il est ! A-t-on jamais parlé d'une usure semblable ? Et n'est-il pas content du furieux intérêt qu'il exige, sans vouloir encore m'obliger à prendre pour trois mille livres les vieux rogatons qu'il ramasse ? Je n'aurai pas deux cens écus de tout cela, & cependant il faut bien me résoudre à consentir à ce qu'il veut ; car il est en état de me faire tout accepter, & il me tient, le scélérat, le poignard sur la gorge.

LA FLECHE.

Je vous vois, Monsieur, ne vous en déplaise, dans le grand chemin justement que tenoit Panurge pour se ruiner, prenant argent d'avance, achetant cher, vendant à bon marché, & mangeant son bled en herbe.

CLEANTE.

Que veux-tu que j'y fasse ? Voilà où les jeunes gens sont réduits par la maudite avarice des peres ; & on s'étonne, après cela, que les fils souhaitent qu'ils meurent.

LA FLECHE.

Il faut avouer que le vôtre animeroit contre sa vilenie le plus posé homme du monde. Je n'ai pas, Dieu-merci, les inclinations fort patibulaires ; &, parmi mes confreres que je vois se mêler de beaucoup de petits commerces, je sçais tirer adroitement mon épingle du jeu, & me démêler prudemment de toutes les galanteries qui sentent tant soit peu l'échelle ; mais, à vous dire vrai, il me donneroit, par ses procédés, des tentations de le voler, & je croirois, en le volant, faire une action méritoire.

CLEANTE.

Donne-moi un peu ce mémoire, que je le voie encore.

SCENE II.

HARPAGON, MAISTRE SIMON, CLÉANTE & LA FLECHE *dans le fond du Théatre.*

M. SIMON.

Oui, Monsieur, c'est un jeune homme qui a besoin d'argent, ses affaires le pressent d'en trouver ; & il en passera par-tout ce que vous prescrirez.

HARPAGON.

Mais croyez-vous, maitre Simon, qu'il n'y ait rien à péricliter, & sçavez-vous le nom, les biens & la famille de celui pour qui vous parlez ?

M. SIMON.

Non, je ne puis pas bien vous en instruire à fond, & ce n'est que par aventure que l'on m'a adressé à lui ; mais vous serez de toutes choses éclairci par lui-méme, & son homme m'a assuré que vous serez content quand vous le connoîtrez. Tout ce que je sçaurois vous dire, c'est que sa famille est fort ri-

che, qu'il n'a plus de mere déjà, & qu'il s'obligera, si vous voulez, que son pere mourra avant qu'il soit huit mois.
HARPAGON.
C'est quelque chose que cela. La charité, maître Simon, nous oblige à faire plaisir aux personnes, lorsque nous le pouvons.
M. SIMON.
Cela s'entend.
LA FLECHE *bas à Cléante, reconnoissant M. Simon.*
Que veut dire ceci ? Notre maître Simon qui parle à votre pere !
CLEANTE *bas à la Fleche.*
Lui auroit-on appris qui je suis, & serois-tu pour me trahir ?
M. SIMON *à la Fleche.*
Ah, ah ! vous êtes bien pressé ! Qui vous a dit que c'étoit céans ? (*à Harpagon.*) Ce n'est pas moi, Monsieur, au moins, qui leur ai découvert votre nom & votre logis ; mais, à mon avis, il n'y a pas grand mal à cela ; ce sont des personnes discrettes, vous pouvez ici vous expliquer ensemble.
HARPAGON.
Comment ?
M. SIMON *montrant Cléante.*
Monsieur est la personne qui veut vous emprunter les quinze mille livres dont j'ai parlé.
HARPAGON.
Comment, pendard ; c'est toi qui t'abandonne à ces coupables extrêmités ?
CLEANTE.
Comment, mon pere, c'est vous qui vous portez à ces honteuses actions ?

(*M. Simon s'enfuit, & la Fleche va se cacher.*)

SCENE III.
HARPAGON, CLEANTE.
HARPAGON.

C'Eſt toi qui te veux ruiner par des emprunts ſi condamnables ?
CLEANTE.
C'eſt vous qui cherchez à vous enrichir par des uſures ſi criminelles ?
HARPAGON.
Oſes-tu bien, après cela, paroître devant moi ?
CLEANTE.
Oſez-vous bien, après cela, vous preſenter aux yeux du monde ?
HARPAGON.
N'as-tu point de honte, dis-moi, d'en venir à ces débauches-là, de te précipiter dans des dépenſes effroyables, & de faire une honteuſe diſſipation du bien que tes parens t'ont amaſſé avec tant de ſueurs !
CLEANTE.
Ne rougiſſez-vous point de deshonorer votre condition par les commerces que vous faites, de ſacrifier gloire & réputation au deſir inſatiable d'entaſſer écu ſur écu, & de renchérir en fait d'intérêts, ſur les plus infâmes ſubtilités qu'aient jamais inventé les plus célebres uſuriers ?
HARPAGON.
Ote-toi de mes yeux, coquin, ôte-toi de mes yeux.
CLEANTE.
Qui eſt plus criminel, à votre avis, ou celui qui achete un argent dont il a beſoin, ou bien celui qui vole un argent dont il n'a que faire ?
HARPAGON.
Retire-toi, te dis-je, & ne m'échauffe pas les oreilles.

(*seul.*)

Je ne suis pas fâché de cette aventure ; & ce m'est un avis de tenir l'œil plus que jamais sur toutes ses actions.

SCENE IV.

FROSINE, HARPAGON

FROSINE.

Monsieur......

HARPAGON.

Attendez un moment, je vais revenir vous parler.
(*à part.*)
Il est à propos que je fasse un petit tour à mon argent.

SCENE V.

LA FLECHE, FROSINE.

LA FLECHE *sans voir Frosine.*

L'Aventure est tout-à-fait drôle. Il faut bien qu'il ait quelque part un ample magasin de hardes ; car nous n'avons rien reconnu au mémoire que nous avons.

FROSINE.

Hé ! c'est toi, mon pauvre la Fleche ! D'où vient cette rencontre ?

LA FLECHE.

Ah, ah, c'est toi, Frosine ? Que viens-tu faire ici ?

FROSINE.

Ce que je fais par-tout ailleurs. M'entremettre d'affaires, me rendre serviable aux gens ; & profiter, du mieux qu'il m'est possible, des petits talens que je puis avoir. Tu sçais que dans ce monde, il faut vivre d'adresse, & qu'aux personnes comme moi le Ciel n'a donné d'autres rentes, que l'intrigue & que l'industrie.

LA FLECHE.

As-tu quelque négoce avec le Patron du logis ?

FROSINE.

Oui. Je traite pour lui quelque petite affaire, dont j'espere une récompense.

LA FLECHE.

De lui ? Ah, ma foi, tu seras bien fine, si tu en tires quelque chose ; & je te donne avis que l'argent céans est fort cher.

FROSINE.

Il y a certains services qui touchent merveilleusement.

LA FLECHE.

Je suis votre valet, & tu ne connois pas encore le Seigneur Harpagon. Le Seigneur Harpagon, est de tous les humains, l'humain le moins humain, le mortel, de tous les mortels, le plus dur & le plus serré. Il n'est point de service qui pousse sa reconnoissance jusqu'à lui faire ouvrir les mains. De la louange, de l'estime, de la bienveillance en paroles & de l'amitié tant qu'il vous plaira ; mais de l'argent, point d'affaires. Il n'est rien de plus sec & de plus aride que ses bonnes graces & ses caresses, & *donner* est un mot pour qui il tant d'aversion, qu'il ne dit jamais, *je vous donne*, mais *je vous prête le bon jour*.

FROSINE.

Mon Dieu ! Je sçais l'art de traire les hommes. J'ai le secret de m'ouvrir leur tendresse, de chatouiller leurs cœurs, de trouver les endroits par où ils sont sensibles.

LA FLECHE.

Bagatelle ici. Je te défie d'attendrir, du côté de l'argent, l'homme dont il est question. Il est Turc là-dessus, mais d'une Turquerie à desespérer tout le monde ; & l'on pourroit crever, qu'il n'en branleroit pas. En un mot, il aime l'argent plus que réputation, qu'honneur & que vertu, & la vue d'un demandeur lui donne des convulsions ; c'est le frapper par son endroit mortel, c'est lui percer le cœur, c'est lui arracher les entrailles ; & si.... Mais il revient, je me retire.

SCENE VI.
HARPAGON, FROSINE.
HARPAGON.

(bas.) (haut.)

Tout va comme il faut. Hé bien ? Qu'est-ce, Frosine ?

FROSINE.

Ah, mon Dieu ! Que vous vous portez bien, & que vous avez-là un vrai visage de santé ?

HARPAGON.

Qui ? moi ?

FROSINE.

Jamais je ne vous vis un teint si frais & si gaillard.

HARPAGON.

Tout de bon ?

FROSINE.

Comment ? Vous n'avez de votre vie été si jeune que vous êtes ; & je vois des gens de vingt-cinq ans qui sont plus vieux que vous.

HARPAGON.

Cependant, Frosine, j'en ai soixante bien comptés.

FROSINE.

Hé bien ? Qu'eſt-ce que cela ? Soixante ans ! Voilà bien de quoi ; c'eſt la fleur de l'âge, cela ; & vous entrez maintenant dans la belle ſaiſon de l'homme.

HARPAGON.

Il eſt vrai ; mais vingt années de moins pourtant, ne me feroient point de mal, que je crois.

FROSINE.

Vous moquez-vous ? Vous n'avez pas beſoin de cela, & vous êtes d'une pâte à vivre juſqu'à cent ans.

HARPAGON.

Tu le crois ?

FROSINE.

Aſſurément. Vous en avez toutes les marques. Tenez-vous un peu. Oh ! Que voilà bien, entre vos deux yeux, un ſigne de longue vie !

HARPAGON.

Tu te connois à cela ?

FROSINE.

Sans doute. Montrez-moi votre main. Ah, mon Dieu ! quelle ligne de vie !

HARPAGON.

Comment ?

FROSINE.

Ne voyez-vous pas juſqu'où va cette ligne-là ?

HARPAGON.

Hé bien ? Qu'eſt-ce que cela veut dire ?

FROSINE.

Par ma foi, je diſois cent ans, mais vous paſſerez les ſix vingts.

HARPAGON.

Eſt-il poſſible ?

FROSINE.

Il faudra vous aſſommer, vous dis-je, & vous mettrez en terre & vos enfans & les enfans de vos enfans.

HARPAGON.

Tant mieux. Comment va notre affaire ?

COMÉDIE.

FROSINE.

Faut-il le demander, & me voit-on mêler de rien, dont je ne vienne à bout ? J'ai, sur-tout pour les mariages, un talent merveilleux. Il n'est point de partis au monde, que je ne trouve en peu de tems le moyen d'accoupler ; & je crois, si je me l'étois mis en tête, que je marierois le grand Turc avec la République de Venise. Il n'y avoit pas, sans doute, de si grandes difficultés à cette affaire-ci. Comme j'ai commerce chez elles, je les ai à fond l'une & l'autre entretenues de vous ; & j'ai dit à la mere le dessein que vous aviez conçu pour Mariane, à la voir passer dans la rue, & prendre l'air à sa fenêtre.

HARPAGON.

Qui a fait réponse....

FROSINE.

Elle a reçu la proposition avec joie, &, quand je lui ai témoigné que vous souhaitiez fort que sa fille assistât ce soir au Contrat de Mariage qui se doit faire de la vôtre, elle y a consenti sans peine, & me l'a confiée pour cela.

HARPAGON.

C'est que je suis obligé, Frosine, de donner à souper au Seigneur Anselme ; & je serai bien aise qu'elle soit du régal.

FROSINE.

Vous avez raison. Elle doit après diner rendre visite à votre fille, d'où elle fait son compte d'aller faire un tour à la foire, pour venir ensuite au soupé.

HARPAGON.

Hé bien, elles iront ensemble dans mon carrosse que je leur prêterai.

FROSINE.

Voilà justement son affaire.

HARPAGON.

Mais, Frosine, as-tu entretenu la mere touchant le bien qu'elle peut donner à sa fille ? Lui as-tu dit qu'il falloit qu'elle s'aidât un peu, qu'elle fît quel-

F 6

que effort, qu'elle se saignât pour une occasion comme celle-ci ! Car encore n'épouse-t-on point une fille sans qu'elle apporte quelque chose.

FROSINE.

Comment ? C'est une fille qui vous apportera douze mille livres de rente.

HARPAGON.

Douze mille livres de rente !

FROSINE.

Oui. Premierement, elle est nourrie & élevée dans une grande épargne de bouche. C'est une fille accoutumée à vivre de salade, de lait, de fromage, & de pommes ; & à laquelle, par conséquent, il ne faudra ni table bien servie, ni consommés exquis, ni orges mondés perpétuels, ni les autres délicatesses qu'il faudroit pour une autre femme, & cela ne va pas à si peu de chose, qu'il ne monte bien tous les ans, à trois mille francs pour le moins. Outre cela, elle n'est curieuse que d'une propreté fort simple, & n'aime point les superbes habits, ni les riches bijoux, ni les meubles somptueux, où donnent ses pareilles avec tant de chaleur ; & cet article-là vaut plus de quatre mille livres par an. De plus, elle a une aversion horrible pour le jeu, ce qui n'est pas commun aux femmes d'aujourd'hui, & j'en sçais une de nos quartiers, qui a perdu, à trente & quarante, vingt mille francs cette année, mais n'en prenons rien que le quart. Cinq mille francs au jeu par an, quatre mille francs en habits & bijoux, cela fait neuf mille livres ; & mille écus que nous mettons pour la nourriture, ne voilà-t-il pas par année vos douze mille francs bien comptés ?

HARPAGON.

Oui, cela n'est pas mal ; mais ce compte-là n'est rien de réel.

FROSINE.

Pardonnez-moi. N'est-ce pas quelque chose de réel, que de vous apporter en mariage une grande sobriété, l'héritage d'un grand amour de simplicité de parure, & l'acquisition d'un grand fond de haine pour le jeu ?

HARPAGON.

C'est une raillerie que de vouloir me constituer sa dot de toutes les dépenses qu'elle ne fera point. Je n'irai pas donner quittance de ce que je ne reçois pas ; & il faut bien que je touche quelque chose.

FROSINE.

Mon Dieu, vous toucherez assez ; & elles m'ont parlé d'un certain pays où elles ont du bien, dont vous serez le maître.

HARPAGON.

Il faudra voir cela. Mais, Frosine, il y a encore une chose qui m'inquiete. La fille est jeune, comme tu vois ; les jeunes gens d'ordinaire, n'aiment que leurs semblables, & ne cherchent que leur compagnie. J'ai peur qu'un homme de mon âge ne soit pas de son goût, & que cela ne vienne à produire chez moi certains petits désordres qui ne m'accommoderoient pas.

FROSINE.

Ah, que vous la connoissez mal ! C'est encore une particularité que j'avois à vous dire. Elle a une aversion épouventable pour tous les jeunes gens, & n'a d'amour que pour les vieillards.

HARPAGON.

Elle ?

FROSINE.

Oui, elle. Je voudrois que vous l'eussiez entendue parler là-dessus. Elle ne peut souffrir du tout la vue d'un jeune homme ; mais elle n'est point plus ravie. dit-elle, que lorsqu'elle peut voir un beau vieillard avec une barbe majestueuse. Les plus vieux sont pour elle les plus charmans ; & je vous avertis de n'aller pas vous faire plus jeune que vous êtes. Elle veut tout au moins qu'on soit sexagénaire ; & il n'y a pas quatre mois encore qu'étant prête d'être mariée, elle rompit tout net le mariage, sur ce que son amant fit voir qu'il n'avoit que cinquante-six ans, & qu'il ne prit point de lunettes pour signer le contrat.

HARPAGON.

Sur cela seulement ?

FROSINE.

Oui. Elle dit que ce n'est pas contentement pour elle que cinquante-six ans ; & sur-tout elle est pour les nez qui portent des lunettes.

HARPAGON.

Certes, tu me dis-la une chose toute nouvelle.

FROSINE.

Cela va plus loin qu'on ne peut vous dire. On lui voit dans sa chambre quelques tableaux, & quelques estampes. Mais que pensez-vous que ce soit ? Des Adonis, des Céphales, des Pâris, & des Apollons ? Non. De beaux portraits de Saturne, du Roi Priam, du vieux Nestor, & du bon pere Anchise sur les épaules de son fils.

HARPAGON.

Cela est admirable ! Voilà ce que je n'aurois jamais pensé ; & je suis bien aise d'apprendre qu'elle est de cette humeur. En effet, si j'avois été femme, je n'aurois point aimé les jeunes hommes.

FROSINE.

Je le crois bien. Voilà de belles drogues que de jeunes gens pour les aimer, ce sont de beaux morveux, de beaux godelureaux pour donner envie de leur peau ; & je voudrois bien sçavoir quel ragoût il y a à eux.

HARPAGON.

Pour moi, je n'y en comprends point, & je ne sçais pas comment il y a des femmes qui les aiment tant.

FROSINE.

Il faut être folle fieffée. Trouver la jeunesse aimable, est-ce avoir le sens commun ? Sont-ce des hommes que de jeunes blondins, & peut-on s'attacher à ces animaux-là ?

HARPAGON.

C'est ce que je dis tous les jours ; avec leur ton de poule laitée, & leurs trois petits brins de barbe re-

COMEDIE.

levés en barbe de chat, leurs perruques d'étoupes, leurs haut-de-chausses tout tombans, & leurs estomacs débraillés.

FROSINE.

Hé ! cela est bien bâti, auprès d'une personne comme vous. Voilà un homme, cela. Il y a là de quoi satisfaire à la vue ; & c'est ainsi qu'il faut être fait, & vêtu, pour donner de l'amour.

HARPAGON.

Tu me trouves bien ?

FROSINE.

Comment ? Vous êtes à ravir, & votre figure est à peindre. Tournez-vous un peu, s'il vous plaît. Il ne se peut pas mieux. Que je vous voie marcher. Voilà un corps taillé, libre & dégagé comme il faut, & qui ne marque aucune incommodité.

HARPAGON.

Je n'en ai pas de grandes, Dieu merci. Il n'y a que ma fluxion, qui me prend de tems en tems.

FROSINE.

Cela n'est rien. Votre fluxion ne vous sied point mal, & vous avez grace à tousser.

HARPAGON.

Dis-moi un peu. Mariane ne m'a-t-elle point encore vu ? N'a-t-elle point pris garde à moi en passant ?

FROSINE.

Non. Mais nous nous sommes fort entretenues de vous. Je lui ai fait un portrait de votre personne, & je n'ai pas manqué de lui vanter votre mérite, & l'avantage que ce lui seroit d'avoir un mari comme vous.

HARPAGON.

Tu as bien fait, je t'en remercie.

FROSINE.

J'aurois, Monsieur, une petite priere à vous faire. J'ai un procès que je suis sur le point de perdre, faute d'un peu d'argent ; (*Harpagon prend un air sérieux.*) & vous pourriez facilement me procurer le gain de ce procès, si vous aviez quelque bonté pour moi. Vous ne sçauriez croire le plaisir qu'elle aura de vous voir. (*Harpagon reprend son air gai.*) Ah ! que vous lui plairez, & que votre fraise à l'antique fera sur son esprit un effet admirable ! Mais, sur-tout, elle sera charmée de votre haut-de-chausses, attaché au pourpoint avec des aiguillettes. C'est pour la rendre folle de vous ; & un amant aiguilleté sera pour elle un ragoût merveilleux.

HARPAGON.

Certes, tu me ravis de me dire cela.

FROSINE.

En vérité, Monsieur, ce procès m'est d'une conséquence tout-à-fait grande. (*Harpagon reprend son air sérieux.*) Je suis ruinée si je le perds ; & quelque petite assistance me rétabliroit mes affaires. Je voudrois que vous eussiez vu le ravissement où elle étoit à m'entendre parler de vous. (*Harpagon reprend son air gai.*) La joie éclatoit dans ses yeux au récit de vos qualités ; & je l'ai mise enfin dans une impatience extrême de voir ce mariage entièrement conclu.

HARPAGON.

Tu m'as fait grand plaisir, Frosine ; & je t'en ai, je te l'avoue, toutes les obligations du monde.

FROSINE.

Je vous prie, Monsieur, de me donner le petit secours que je vous demande. (*Harpagon reprend encore un air sérieux.*) Cela me remettra sur pied, & je vous en serai éternellement obligée.

HARPAGON.

Adieu. Je vais achever mes dépêches.

FROSINE.

Je vous assure, Monsieur, que vous ne sçauriez jamais me soulager dans un plus grand besoin.

HARPAGON.

Je mettrai ordre que mon carrosse soit tout prêt pour vous mener à la foire.

FROSINE.

Je ne vous importunerois pas, si je ne m'y voyois forcée par la nécessité.

COMEDIE. 137
HARPAGON.
Et j'aurai foin qu'on foupe de bonne heure, pour ne vous point faire malades.
FROSINE.
Ne me refufez pas la grace dont je vous follicite. Vous ne fçauriez croire, Monfieur, le plaifir que...
HARPAGON.
Je m'en vais. Voilà qu'on m'appelle. Jufques à tantôt.
FROSINE *feule*.
Que la fievre te ferre, chien de vilain à tous les diables. Le ladre a été ferme à toutes mes attaques; mais il ne me faut pas pourtant quitter la négociation, & j'ai l'autre côté, en tout cas, dont je fuis affurée de tirer bonne récompenfe.

Fin du fecond Acte.

ACTE III.

SCENE PREMIERE.

HARPAGON, CLEANTE, ELISE, VALERE, DAME CLAUDE *tenant un balai*, MAISTRE JACQUES, LA MERLUCHE, BRINDAVOINE.

HARPAGON.

Allons, venez çà tous, que je vous diſtribue mes ordres pour tantôt, & regle à chacun ſon emploi. Approchez, Dame Claude, commençons par vous. Bon, vous voilà les armes à la main. Je vous commets au ſoin de nettoyer par-tout; &, ſurtout, prenez garde de ne point frotter les meubles trop fort, de peur de les uſer. Outre cela, je vous conſtitue, pendant le ſouper, au gouvernement des bouteilles; &, s'il s'en écarte quelqu'une, & qu'il ſe caſſe quelque choſe, je m'en prendrai à vous, & le rabattrai ſur vos gages.

M. JACQUES *à part*.

Châtiment politique.

HARPAGON *à Dame Claude.*

Allez.

SCENE II.

HARPAGON, CLEANTE, ELISE, VALERE, MAISTRE JACQUES, BRINDAVOINE, LA MERLUCHE.

HARPAGON.

Vous, Brindavoine, & vous la Merluche, je vous établis dans la charge de rincer les verres, & de donner à boire ; mais seulement lorsque l'on aura soif, & non pas, selon la coutume de certains impertinens de laquais, qui viennent provoquer les gens & les faire aviser de boire, lorsqu'on n'y songe pas. Attendez qu'on vous en demande plus d'une fois, & vous ressouvenez de porter toujours beaucoup d'eau.

M. JACQUES *à part.*
Oui, le vin pur monte à la tête.

LA MERLUCHE.
Quitterons-nous nos souguenilles, Monsieur ?

HARPAGON.
Oui, quand vous verrez venir les personnes ; & gardez bien de gâter vos habits.

BRINDAVOINE.
Vous sçavez bien, Monsieur, qu'un des devans de mon pourpoint est couvert d'une grande tache d'huile de la lampe.

LA MERLUCHE.
Et moi, Monsieur, que j'ai mon haut-de-chausses tout troué par derriere, & qu'on me voit, révérence parler......

HARPAGON *à la Merluche.*
Paix, rangez cela adroitement du côté de la muraille, & presentez toujours le devant au monde.

(*à Brindavoine, en lui montrant comme il doit mettre son chapeau au-devant de son pourpoint, pour cacher la tache d'huile.*)

Et vous, tenez toujours votre chapeau ainsi, lorsque vous servirez.

SCENE III.

HARPAGON, CLÉANTE, ELISE, VALERE, MAISTRE JACQUES.

HARPAGON.

Pour vous, ma fille, vous aurez l'œil sur ce que l'on desservira, & prendrez garde qu'il ne s'en fasse aucun dégât. Cela sied bien aux filles. Mais cependant préparez-vous à bien recevoir ma maîtresse qui vous doit venir visiter, & vous mener avec elle à la foire. Entendez-vous ce que je vous dis?

ELISE.

Oui, mon pere.

SCENE IV.

HARPAGON, CLÉANTE, VALERE, MAISTRE JACQUES.

HARPAGON.

Et vous, mon fils le Damoiseau, à qui j'ai la bonté de pardonner l'histoire de tantôt, ne vous allez pas aviser non plus de lui faire mauvais visage.

COMÉDIE.

CLEANTE.
Moi, mon pere ? mauvais visage ! Et par quelle raison ?

HARPAGON.
Mon Dieu ! nous sçavons le train des enfans dont les peres se remarient, & de quel œil ils ont coutume de regarder ce qu'on appelle belle-mere. Mais si vous souhaitez que je perde le souvenir de votre derniere fredaine, je vous recommande, sur-tout, de régaler d'un bon visage cette personne-là, & de lui faire enfin tout le meilleur accueil qu'il vous sera possible.

CLÉANTE.
A vous dire le vrai, mon pere, je ne puis pas vous promettre d'être bien aise qu'elle devienne ma belle-mere. Je mentirois, si je vous le disois ; mais, pour ce qui est de la bien recevoir, & de lui faire bon visage, je vous promets de vous obéir ponctuellement sur ce chapitre.

HARPAGON.
Prenez-y garde, au moins.

CLEANTE.
Vous verrez que vous n'aurez pas sujet de vous en plaindre.

HARPAGON.
Vous ferez sagement.

SCENE V.

HARPAGON, VALERE, MAISTRE JACQUES.

HARPAGON.
Valere, aide-moi à ceci. Or ça, maître Jacques, approchez-vous, je vous ai gardé pour le dernier.

M. JACQUES.

Eft-ce à votre cocher, Monſieur, ou bien à votre cuiſinier que vous voulez parler ; car je ſuis l'un & l'autre.

HARPAGON.

C'eſt à tous les deux.

M. JACQUES.

Mais à qui des deux le premier ?

HARPAGON.

Au cuiſinier.

M. JACQUES.

Attendez donc, s'il vous plaît.

(*M. Jacques ôte ſa caſaque de cocher, & paroît vêtu en cuiſinier.*)

HARPAGON.

Quelle diantre de cérémonie eſt-ce-là ?

M. JACQUES.

Vous n'avez qu'à parler.

HARPAGON.

Je me ſuis engagé, maître Jacques, à donner ce ſoir à ſouper.

M. JACQUES *à part*.

Grande merveille !

HARPAGON.

Di-moi un peu. Nous feras-tu bonne chere ?

M. JACQUES.

Oui, ſi vous me donnez bien de l'argent.

HARPAGON.

Que diable ! toujours de l'argent ! il ſemble qu'ils n'aient autre choſe à dire ; de l'argent, de l'argent, de l'argent. Ah ! ils n'ont que ce mot à la bouche, de l'argent. Toujours parler d'argent ! voilà leur épée de chevet, de l'argent.

VALERE.

Je n'ai jamais vu de réponſe plus impertinente que celle-là. Voilà une belle merveille, que de faire bonne chere avec beaucoup d'argent. C'eſt une choſe la plus aiſée du monde, & il n'y a ſi pauvre eſ-

COMEDIE.

prit qui n'en fit bien autant ; mais pour agir en habile homme, il faut parler de faire bonne chere avec peu d'argent.

M. JACQUES.
Bonne chere avec peu d'argent !

VALERE.
Oui.

M. JACQUES à Valere.
Par ma foi, monsieur l'Intendant, vous nous obligerez de nous faire voir ce secret, de prendre mon office de cuisinier; aussi-bien vous mêlez-vous céans d'être le factotum.

HARPAGON.
Taisez-vous. Qu'est-ce qu'il nous faudra ?

M. JACQUES.
Voilà Monsieur votre Intendant, qui vous fera bonne chere pour peu d'argent.

HARPAGON.
Ah ! je veux que tu me répondes.

M. JACQUES.
Combien ferez-vous de gens à table ?

HARPAGON.
Nous serons huit ou dix, mais il ne faut prendre que pour huit. Quand il y a à manger pour huit, il y en a bien pour dix.

VALERE.
Cela s'entend.

M. JACQUES.
Hé bien, il faudra quatre grands potages, & cinq assiettes.... Potages.... Entrées....

HARPAGON.
Que diable ! voilà pour traiter toute une ville entiere.

M. JACQUES.
Rôt....

HARPAGON *mettant la main sur la bouche de M. Jacques.*
Ah, traître ! tu manges tout mon bien.

L'AVARE,
M. JACQUES.

Entremêts....

HARPAGON *mettant encore la main sur la bouche de M. Jacques.*

Encore?

VALERE *à M. Jacques.*

Est-ce que vous avez envie de faire crever tout le monde; & Monsieur a-t-il invité des gens pour les assassiner à force de mangeaille? Allez vous-en lire un peu les préceptes de la santé, & demander aux Médecins, s'il y a rien de plus préjudiciable à l'homme que de manger avec excès.

HARPAGON.

Il a raison.

VALERE.

Apprenez, maître Jacques, vous & vos pareils, que c'est un coupe-gorge, qu'une table remplie de trop de viandes; que, pour se bien montrer ami de ceux que l'on invite, il faut que la frugalité regne dans le repas qu'on donne, & que, suivant le dire d'un ancien, *il faut manger pour vivre, & non pas vivre pour manger.*

HARPAGON.

Ah! que cela est bien dit! Approche que je t'embrasse pour ce mot. Voilà la plus belle sentence que j'aie entendue de ma vie. *Il faut vivre pour manger, & non pas manger pour vi....* Non ce n'est pas cela. Comment est-ce que tu dis?

VALERE.

Qu'il faut manger pour vivre, & non pas vivre pour manger.

HARPAGON.

(*à M. Jacques.*) (*à Valere.*)

Oui. Entends-tu? qui est le grand homme qui a dit cela?

VALERE.

Je ne me souviens pas maintenant de son nom.

HARPAGON.

COMÉDIE.
HARPAGON.
Souviens toi de m'écrire ces mots, je les veux faire graver en lettres d'or sur la cheminée de ma salle.
VALERE.
Je n'y manquerai pas. Et pour votre souper, vous n'avez qu'à me laisser faire. Je réglerai tout cela comme il faut.
HARPAGON.
Fais donc.
M. JACQUES.
Tant mieux, j'en aurai moins de peine.
HARPAGON à Valere.
Il faudra de ces choses dont on ne mange guéres, & qui rassasient d'abord, quelque bon haricot bien gras, avec quelque pâté en pot, bien garni de marrons.
VALERE.
Reposez-vous sur moi.
HARPAGON.
Maintenant, maître Jacques, il faut nettoyer mon carrosse.
M. JACQUES.
Attendez. Ceci s'adresse au Cocher.
(*M. Jacques remet sa casaque.*)
Vous dites....
HARPAGON.
Qu'il faut nettoyer mon carrosse, & tenir mes chevaux tout prêts pour conduire à la foire....
M. JACQUES.
Vos chevaux, Monsieur ! Ma foi, ils ne sont point du tout en état de marcher. Je ne vous dirai point qu'ils sont sur la litiére, les pauvres bêtes n'en ont point, & ce seroit mal parler ; mais vous leur faites observer des jeûnes si austeres, que ce ne sont plus rien que des fantômes, ou des façons de chevaux.
HARPAGON.
Les voilà bien malades ; ils ne font rien.
M. JACQUES.
Et pour ne faire rien, Monsieur, est-ce qu'il ne.

Tome V.   G

faut rien manger ? Il leur vaudroit bien mieux, les pauvres animaux, de travailler beaucoup, & de manger de même. Cela me fend le cœur, de les voir ainsi exténués ; car enfin, j'ai une tendresse pour mes chevaux, qu'il me semble que c'est moi-même, quand je les vois pâtir ; je m'ôte tous les jours, pour eux, les choses de la bouche ; & c'est être, Monsieur, d'un naturel trop dur, que de n'avoir nulle pitié de son prochain.
HARPAGON.
Le travail ne sera pas grand, d'aller jusqu'à la foire.
M. JACQUES.
Non, Monsieur, je n'ai pas le courage de les mener, & je ferois conscience de leur donner des coups de fouet en l'état où ils sont. Comment voudriez-vous qu'ils traînassent un carrosse, & ils ne peuvent pas se traîner eux-mêmes ?
VALERE.
Monsieur, j'obligerai le voisin le Picard à se charger de les conduire ; aussi-bien nous sera-t-il ici besoin pour apprêter le souper.
M. JACQUES.
Soit. J'aime mieux encore qu'ils meurent sous la main d'un autre, que sous la mienne.
VALERE.
Maître Jacques fait bien le raisonnable.
M. JACQUES.
M. l'Intendant fait bien le nécessaire.
HARPAGON.
Paix.
M. JACQUES.
Monsieur, je ne sçaurois souffrir les flatteurs ; & je vois que ce qu'il en fait, que ses contrôles perpétuels sur le pain, le vin, le bois, le sel & la chandelle, ne sont rien que pour vous gratter, & vous faire la cour. J'enrage de cela, & je suis fâché tous les jours d'entendre ce qu'on dit de vous ; car enfin, je me sens pour vous de la tendresse en dépit que

j'en aie ; &, après mes chevaux, vous êtes la personne que j'aime le plus.
HARPAGON.
Pourrois je sçavoir de vous, maître Jacques, ce que l'on dit de moi ?
M. JACQUES.
Oui, Monsieur, si j'étois assuré que cela ne vous fâchât point.
HARPAGON.
Non, en aucune façon.
M. JACQUES.
Pardonnez-moi. Je sçais fort bien que vous vous mettrez en colere.
HARPAGON.
Point du tout. Au contraire, c'est me faire plaisir ; & je suis bien-aise d'apprendre comme on parle de moi.
M. JACQUES.
Monsieur, puisque vous le voulez, je vous dirai franchement qu'on se moque par-tout de vous, qu'on nous jette de tous côtés cent brocards à votre sujet ; & que l'on n'est point plus ravi que de vous tenir au cul & aux chausses, & de faire sans cesse des contes de votre lézine. L'un dit que vous faites imprimer des Almanachs particuliers, où vous faites doubler les quatre-tems, & les vigiles, afin de profiter des jeûnes où vous voulez obliger votre monde. L'autre, que vous avez toujours une querelle toute prête à faire à vos valets dans le tems des étrennes, ou de leur sortie d'avec vous, pour vous trouver une raison de ne leur donner rien. Celui-là conte qu'une fois vous fîtes assigner le chat d'un de vos voisins, pour vous avoir mangé un reste de gigot de mouton. Celui-ci, que l'on vous surprit une nuit, en venant dérober vous-même l'avoine de vos chevaux ; & que votre Cocher, qui étoit celui d'avant moi, vous donna, dans l'obscurité, je ne sçais combien de coups de bâton, dont vous ne voulûtes rien dire. Enfin, voulez-vous que je vous dise ? On ne sçau-

roit aller nulle part, où l'on ne vous entende accommoder de toutes pieces. Vous êtes la fable & la risée de tout le monde; & jamais on ne parle de vous, que sous les noms d'avare, de ladre, de vilain & de tesse-Matthieu.

HARPAGON *en battant M. Jacques.*
Vous êtes un sot, un maraud, un coquin & un impudent.

M. JAQUES.
Hé bien! Ne l'avois-je pas deviné? Vous ne m'avez pas voulu croire. Je vous avois bien dit que je vous fâcherois de vous dire la vérité.

HARPAGON.
Apprenez à parler.

SCENE VI.
VALERE, MAISTRE JACQUES.

VALERE *riant.*

A ce que je puis voir, maître Jacques, on paie fort mal votre franchise.

M. JACQUES.
Morbleu, Monsieur le nouveau venu, qui faites l'homme d'importance, ce n'est pas votre affaire. Riez de vos coups de bâton, quand on vous en donnera, & ne venez point rire des miens.

VALERE.
Ah! Monsieur maître Jacques, ne vous fâchez pas, je vous prie.

M. JACQUES *à part.*
Il file doux. Je veux faire le brave; & s'il est assez sot pour me craindre, le frotter quelque peu. (*haut.*) Savez-vous bien, Monsieur le rieur, que je ne ris pas, moi; & que si vous m'échauffez la tête, je vous ferai rire d'une autre sorte?

(*M. Jacques pousse Valere jusqu'au bout du Théatre, en le menaçant.*)

VALERE.

Hé, doucement

M. JACQUES.

Comment, doucement ? Il ne me plaît pas, moi.

VALERE.

De grace.

M. JACQUES.

Vous êtes un impertinent.

VALERE.

Monsieur Maître Jacques.

M. JACQUES.

Il n'y a point de Monsieur maître Jacques pour un double. Si je prends un bâton, je vous rosserai d'importance.

VALERE.

Comment ? Un bâton ?

(*Valere fait reculer M. Jacques à son tour.*)

M. JACQUES.

Hé, je ne parle pas de cela.

VALERE.

Sçavez-vous bien, Monsieur le fat, que je suis homme à vous rosser vous-même ?

M. JACQUES.

Je n'en doute pas.

VALERE.

Que vous n'êtes pour tout potage, qu'un faquin de Cuisinier.

M. JACQUES.

Je le sçais bien.

VALERE.

Et que vous ne me connoissez pas encore ?

M. JACQUES.

Pardonnez-moi.

VALERE.

Vous me rosserez, dites-vous ?

M. JACQUES.
Je le disois en raillant.
VALERE.
Et moi, je ne prends point de goût à votre raillerie,
(*donnant des coups de bâton à M. Jacques.*)
Apprenez que vous êtes un mauvais railleur.
M. JACQUES *seul.*
Peste soit la sincérité, c'est un mauvais métier, désormais j'y renonce, & je ne veux plus dire vrai. Passe encore pour mon maître, il a quelque droit de me battre, mais, pour ce Monsieur l'Intendant, je m'en vengerai si je puis.

SCENE VII.

MARIANE, FROSINE, MAISTRE JACQUES.

Sçavez-vous, maître Jacques, si votre maître est au logis ?
M. JACQUES.
Oui, vraiment, il y est, je ne le sais que trop.
FROSINE.
Dites-lui je vous prie que nous sommes ici.

SCENE VIII.

MARIANE, FROSINE.

MARIANE.

AH ! Que je suis, Frosine, dans un étrange état, & s'il faut dire ce que je sens, que j'appréhende cette vue !

COMEDIE.

FROSINE.
Mais pourquoi, & quelle est votre inquiétude ?

MARIANE.
Hélas ! Me le demandez-vous ? Et ne vous figurez-vous point les allarmes d'une personne toute prête à voir le suplice où l'on veut l'attacher ?

FROSINE.
Je vois bien que, pour mourir agréablement, Harpagon n'est pas le supplice que vous voudriez embrasser ; & je connois, à votre mine, que le jeune blondin, dont vous m'avez parlé, vous revient un peu dans l'esprit.

MARIANE.
Oui, C'est une chose, Frosine, dont je ne veux pas me défendre ; & les visites respectueuses qu'il a rendues chez nous, ont fait, je vous l'avoue, quelque effet dans mon ame.

FROSINE.
Mais avez-vous sçu quel il est ;

MARIANE.
Non. Je ne sçais point quel il est. Mais je sçais qu'il est fait d'un air à se faire aimer ; que, si l'on pouvoit mettre le choses à mon choix, je le prendrois plutôt qu'un autre ; & qu'il ne contribue pas peu à me faire trouver un tourment effroyable dans l'époux qu'on veut me donner.

FROSINE.
Mon Dieu ! Tous ces blondins sont agréables, & debitent fort bien leur fait ; mais la plupart sont gueux comme des rats, & il vaut bien mieux, pour vous, de prendre un vieux mari, qui vous donne beaucoup de bien. Je vous avoue que les sens ne trouvent pas si bien leur compte du côté que je dis, & qu'il y a quelques pétits dégoûts à essuyer avec un tel époux ; mais cela n'est pas pour durer, & sa mort, croyez-moi, vous mettra bientôt en état d'en prendre un plus aimable, qui réparera toutes choses.

MARIANE.

Mon Dieu Frosine, c'est une étrange affaire, lorsque pour être heureuse, il faut souhaiter ou attendre le trépas de quelqu'un ; & la mort ne suit pas tous les projets que nous faisons.

FROSINE.

Vous moquez-vous ? Vous ne l'épousez qu'aux conditions de vous laisser veuve bientôt ; & ce doit être-là un des articles du Contrat. Il seroit bien impertinent de ne pas mourir dans trois mois. Le voici en propre personne.

MARIANE.

Ah ! Frosine, quelle figure !

SCENE IX.

HARPAGON, MARIANE, FROSINE.

HARPAGON à Mariane.

NE vous offensez pas, ma belle, si je viens à vous avec des lunettes. Je sçais que vos appas frappent assez les yeux, sont assez visibles d'eux-mêmes, & qu'il n'est pas besoin de lunettes pour les appercevoir, mais, enfin, c'est avec des lunettes qu'on observe les astres ; & je maintiens & garantis que vous êtes un astre, mais un astre, le plus bel astre qui soit dans le pays des astres. Frosine, elle ne répond mot, & ne témoigne, ce me semble, aucune joie de me voir.

FROSINE.

C'est qu'elle est encore toute surprise ; & puis les filles ont toujours honte à témoigner d'abord ce qu'elles ont dans l'ame.

COMEDIE.

HARPAGON..
(*à Frosine.*)   (*à Mariane.*)
Tu as raison. Voilà, belle mignonne, ma fille qui vient vous saluer.

SCENE X.

HARPAGON, ELISE, MARIANE, FROSINE.

MARIANE.

JE m'acquite bien tard, Madame, d'une telle visite.

ELISE.

Vous avez fait Madame, ce que je devois faire; & c'étoit à moi de vous prévenir.

HARPAGON.

Vous voyez qu'elle est grande ; mais mauvaise herbe croît toujours.

MARIANE *bas à Frosine.*

O l'homme déplaisant !

HARPAGON *à Frosine.*

Que dit la belle ?

FROSINE.

Qu'elle vous trouve admirable.

HARPAGON.

C'est trop d'honneur que vous me faites, adorable mignonne.

MARIANE *à part.*

Quel animal !

HARPAGON.

Je vous suis trop obligé de ces sentimens.

MARIANE *à part.*

Je n'y puis plus tenir.

SCENE XI.
HARPAGON, MARIANE, ELISE, CLEANTE, VALERE, FROSINE, BRINDAVOINE.

HARPAGON.

Voici mon fils aussi, qui vous vient faire la révérence.

MARIANE *bas à Frosine.*

Ah! Frosine, quelle rencontre! C'est justement celui dont je t'ai parlé.

FROSINE *à Mariane.*

L'aventure est merveilleuse.

HARPAGON.

Je vois que vous vous étonnez de me voir de si grands enfans; mais je serai bientôt défait & de l'un & de l'autre.

CLEANTE *à Mariane.*

Madame, à vous dire le vrai, c'est ici une aventure où, sans doute, je ne m'attendois pas; & mon pere ne m'a pas peu surpris, lorsqu'il m'a dit tantôt le dessein qu'il avoit formé.

MARIANE.

Je puis dire la même chose. C'est une rencontre imprévue, qui m'a surprise autant que vous! & je n'étois point préparée à une pareille aventure.

CLEANTE.

Il est vrai que mon pere, Madame, ne peut pas faire un plus beau choix, & que ce m'est une sensible joie que l'honneur de vous voir; mais, avec tout cela, je ne vous assurerai point que je me réjouis du dessein où vous pourriez être de devenir ma belle-mere. Le compliment, je vous l'avoue, est trop difficile pour moi, & c'est un titre, s'il vous plaît, que je ne vous souhaite point. Ce discours paroîtra brutal aux yeux de quelques-uns; mais je suis assuré que vous serez personne à le prendre comme il faudra; que c'est un mariage, Madame, où vous vous imaginez bien que je dois avoir de la répugnance; que vous n'ignorez pas, sçachant ce que je suis, comme il choque mes intérêts, & que vous voulez bien enfin que je vous dise, avec la permission de mon pere, que si les choses dépendoient de moi, cet hymen ne se feroit point.

HARPAGON.

Voilà un compliment bien impertinent. Quelle belle confession à lui faire.

MARIANE.

Et moi, pour vous répondre, j'ai à vous dire que les choses sont fort égales; & que si vous aviez de la répugnance à me voir votre belle-mere; je n'en aurois pas moins sans doute à vous voir mon beau-fils. Ne croyez pas, je vous prie, que ce soit moi qui cherche à vous donner cette inquiétude. Je serois fort fâchée de vous causer du déplaisir; &, si je ne m'y vois forcée par une puissance absolue, je vous donne ma parole que je ne consentirai point au mariage qui vous chagrine.

HARPAGON.

Elle a raison. A sot compliment, il faut une réponse de même. Je vous demande pardon, ma belle, de l'impertinence de mon fils; c'est un jeune sot, qui ne sçait pas encore la conséquence des paroles qu'il dit.

MARIANE.

Je vous promets que ce qu'il m'a dit ne m'a point du tout offensée; au contraire, il m'a fait plaisir de m'expliquer ainsi ses véritables sentimens. J'aime de lui un aveu de la sorte; & s'il avoit parlé d'autre façon, je l'en estimerois bien moins.

HARPAGON.

C'est beaucoup de bonté à vous, de vouloir ainsi

excuser ses fautes. Le tems le rendra plus sage, & vous verrez qu'il changera de sentimens.

CLEANTE.

Non, mon pere, je ne suis point capable d'en changer; & je prie instamment Madame de le croire.

HARPAGON.

Mais voyez quelle extravagance! Il continue encore plus fort.

CLEANTE.

Voulez-vous que je trahisse mon cœur?

HARPAGON.

Encore? Avez-vous envie de changer de discours?

CLEANTE.

Hé bien, puisque vous voulez que je parle d'autre façon, souffrez, Madame, que je me mette ici à la place de mon pere, & que je vous avoue que je n'ai rien vu dans le monde de si charmant que vous, que je ne conçois rien d'égal au bonheur de vous plaire, & que le titre de votre époux est une gloire, une félicité que je préférerois aux destinées des plus grands Princes de la terre. Oui, Madame, le bonheur de vous posséder, est à mes regards, la plus belle de toutes les fortunes; c'est où j'attache toute mon ambition. Il n'y a rien que je ne sois capable de faire pour une conquête si précieuse; & les obstacles les plus puissans....

HARPAGON.

Doucement, mon fils, s'il vous plaît.

CLEANTE.

C'est un compliment que je fais pour vous à Madame.

HARPAGON.

Mon Dieu! J'ai une langue pour m'expliquer moi-même; & je n'ai pas besoin d'un interprête comme vous. Allons, donnez des sieges.

FROSINE.

Non. Il vaut mieux que de ce pas nous allions à

COMEDIE.

la foire, afin d'en revenir plutôt, & d'avoir tout le tems ensuite de nous entretenir.

HARPAGON à Brindavoine.
Qu'on mette donc les chevaux au carrosse.

SCENE XII.

HARPAGON, MARIANE, ELISE, CLEANTE, VALERE, FROSINE.

HARPAGON à Mariane.

JE vous prie de m'excuser, ma belle, si je n'ai pas songé à vous donner un peu de collation avant que de partir.

CLEANTE.
J'y ai pourvu, mon pere, & j'ai fait apporter ici quelques bassins d'oranges de la Chine, de citrons doux, & de confitures, que j'ai envoyé quérir de votre part.

HARPAGON bas à Valere.
Valere.

VALERE à Harpagon.
Il a perdu le sens.

CLEANTE.
Est-ce que vous trouvez, mon pere, que ce ne soit pas assez? Madame aura la bonté d'excuser cela, s'il lui plaît.

MARIANE.
C'est une chose qui n'étoit pas nécessaire.

CLEANTE.
Avez-vous jamais vu, Madame, un diamant plus vif que celui que vous voyez que mon pere a au doigt?

MARIANE.
Il est vrai qu'il brille beaucoup.

CRÉANTE *ôtant du doigt de son pere le diamant, & le donnant à Mariane.*

Il faut que vous le voyiez de près.

MARIANE.

Il est fort beau, sans doute, & jette quantité de feux.

CLÉANTE *se mettant au-devant de Mariane qui veut rendre le diamant.*

Non, Madame, il est en de trop belles mains. C'est un present que mon pere vous fait.

HARPAGON.

Moi ?

CLÉANTE.

N'est-il pas vrai, mon pere, que vous voulez que Madame le garde pour l'amour de vous ?

HARPAGON *bas à son fils.*

Comment ?

CLÉANTE *à Mariane.*

Belle demande ! Il me fait signe de vous le faire accepter.

MARIANE.

Je ne veux point....

CLÉANTE *à Mariane.*

Vous moquez-vous ? Il n'a garde de le reprendre.

HARPAGON *à part.*

J'enrage.

MARIANE.

Ce seroit...

CLÉANTE *empêchant toujours Mariane de rendre le diamant..*

Non, vous dis-je, c'est l'offenser.

MARIANE.

De grace...

CLÉANTE.

Point du tout.

HARPAGON *à part.*

Peste soit...

CLEANTE.
Le voilà qui se scandalise de votre refus.

HARPAGON bas à son fils.
Ah, traître?

CLEANTE à Mariane.
Vous voyez qu'il se désespére.

HARPAGON bas à son fils en le menaçant.
Bourreau que tu es!

CLEANTE.
Mon pere, ce n'est pas ma faute. Je fais ce que je puis pour l'obliger à le garder, mais elle est obstinée.

HARPAGON bas à son fils avec emportement.
Pendard.

CLEANTE.
Vous êtes cause, Madame, que mon pere me querelle.

HARPAGON bas à son fils, avec les mêmes gestes.
Le coquin!

CLEANTE à Mariane.
Vous le ferez tomber malade. De grace, Madame, ne résistez pas davantage.

FROSINE à Mariane.
Mon Dieu! que de façons! gardez la bague, puisque Monsieur le veut.

MARIANE à Harpagon.
Pour ne vous point mettre en colere, je la garde maintenant, & je prendrai un autre tems pour vous la rendre.

SCENE XIII.

HARPAGON, MARIANE, ELISE, CLEANTE, VALERE, FROSINE, BRINDAVOINE.

BRINDAVOINE.

Monsieur, il y a là un homme qui veut vous parler.
HARPAGON.
Dis-lui que je suis empêché, & qu'il revienne une autre fois.
BRINDAVOINE.
Il dit qu'il vous aporte de l'argent.
HARPAGON *à Mariane.*
Je vous demande pardon. Je reviens tout-à-l'heure.

SCENE XIV.

HARPAGON, MARIANE, ELISE, CLEANTE, VALERE, FROSINE, LA MERLUCHE.

LA MERLUCHE *courant & faisant tomber Harpagon.*

Monsieur...
HARPAGON.
Ah ! je suis mort.
CLEANTE.
Qu'est-ce mon pere ? vous êtes-vous fait mal ?

COMEDIE.

HARPAGON.

Le traître, assurément, a reçu de l'argent de mes débiteurs, pour me faire rompre le cou.

VALERE à *Harpagon*.

Cela ne sera rien.

LA MERLUCHE à *Harpagon*.

Monsieur, je vous demande pardon, je croyois bien faire d'accourir vite.

HARPAGON.

Que viens-tu faire ici, bourreau?

LA MERLUCHE.

Vous dire que vos deux chevaux sont déferrés.

HARPAGON.

Qu'on les mene promptement chez le maréchal.

CLEANTE.

En attendant qu'ils soient ferrés, je vais faire pour vous, mon pere, les honneurs de votre logis; & conduire Madame, dans le jardin, où je ferai porter la collation.

SCENE XV.

HARPAGON, VALERE.

HARPAGON.

Valere, aie un peu l'œil à tout cela; & prends soin, je te prie, de m'en sauver le plus que tu pourras, pour le renvoyer au marchand.

VALERE.

C'est assez.

HARPAGON *seul*.

O fils impertinent! as-tu envie de me ruiner?

Fin du troisieme Acte.

ACTE IV.

SCENE PREMIERE.

CLEANTE, MARIANE, ELISE, FROSINE.

CLEANTE.

RENtrons ici, nous ferons beaucoup mieux. Il n'y a plus autour de nous perſonne de ſuſpect, & nous pouvons parler librement.

ELISE.

Oui, Madame, mon frere m'a fait confidence de la paſſion qu'il a pour vous. Je ſçais les chagrins & les déplaiſirs que ſont capables de cauſer de pareilles traverſes; & c'eſt, je vous aſſure, avec une tendreſſe extrême que je m'intéreſſe à votre aventure.

MARIANE.

C'eſt une douce conſolation que de voir dans ſes intérêts une perſonne comme vous; & je vous conjure, Madame, de me garder toujours cette généreuſe amitié, ſi capable de m'adoucir les cruautés de la fortune.

FROSINE.

Vous êtes, par ma foi, de malheureuſes gens l'un & l'autre, de ne m'avoir point, avant tout ceci, avertie de votre affaire! Je vous aurois ſans doute, détourné cette inquiétude; & n'aurois point amené les choſes où l'on voit qu'elles ſont.

CLEANTE.

Que veux-tu? C'eſt ma mauvaiſe deſtinée, qui l'a

voulu ainsi. Mais, belle Mariane, quelles résolutions sont les vôtres ?

MARIANE.

Hélas ! suis-je en pouvoir de faire des résolutions ! Et dans la dépendance où je me vois, puis-je former que des souhaits ?

CLEANTE.

Point d'autre appui pour moi dans votre cœur que de simples souhaits ? Point de pitié officieuse ? Point de secourable bonté ? Point d'affection agissante ?

MARIANE.

Que sçaurois-je vous dire ? Mettez-vous en ma place, & voyez ce que je puis faire. Avisez, ordonnez vous-même, je m'en remets à vous ; & je vous crois trop raisonnable, pour vouloir exiger de moi que ce qui peut m'être permis par l'honneur & la bienséance.

CLEANTE.

Hélas ! Où me réduisez-vous, que de me renvoyer à ce que voudront permettre les fâcheux sentimens d'un rigoureux honneur, & d'une scrupuleuse bienséance ?

MARIANE.

Mais, que voulez-vous que je fasse ? Quand je pourrois passer sur quantité d'égards où notre sexe est obligé, j'ai de la considération pour ma mere. Elle m'a toujours élevée avec une tendresse extrême, & je ne sçaurois me résoudre à lui donner du déplaisir. Faites, agissez auprès d'elle. Employez tous vos soins à gagner son esprit ; vous pouvez faire & dire tout ce que vous voudrez, je vous en donne la licence ; &, s'il ne tient qu'à me déclarer en votre faveur, je veux bien consentir à lui faire un aveu moi-même, de tout ce que je sens pour vous.

CLEANTE.

Frosine, ma pauvre Frosine, voudrois-tu nous servir ?

FROSINE.
Par ma foi, faut-il le demander? Je le voudrois de tout mon cœur. Vous sçavez que, de mon naturel, je suis assez humaine. Le Ciel ne m'a point fait l'ame de bronze; & je n'ai que trop de tendresse à rendre de petits services, quand je vois des gens qui s'entre-aiment en tout bien & en tout honneur. Que pourrions-nous faire à ceci?

CLÉANTE.
Songe un peu, je te prie.

MARIANE.
Ouvre-nous des lumieres.

ELISE.
Trouve quelque invention pour rompre ce que tu as fait.

FROSINE.
(à Mariane.)
Ceci est assez difficile. Pour votre mere elle n'est pas tout-à-fait déraisonnable, & peut-être pourroit-on la gagner, & la résoudre à transporter au fils le don
(à Cléante.)
qu'elle veut faire au pere. Mais le mal que j'y trouve, c'est que votre pere est votre pere.

CLÉANTE.
Cela s'entend.

FROSINE.
Je veux dire qu'il conservera du dépit, si l'on montre qu'on le refuse; & qu'il ne sera point d'humeur, ensuite, à donner son consentement à votre mariage. Il faudroit, pour bien faire, que le refus vint de lui-même, & tâcher par quelque moyen, de le dégoûter de votre personne.

CLÉANTE.
Tu as raison.

FROSINE.
Oui, j'ai raison, je le sçais bien. C'est-là ce qu'il faudroit; mais le diantre est d'en pouvoir trouver les moyens. Attendez. Si nous avions quelque fem-

me un peu fur l'âge qui fut de mon talent, &
jouât affez bien pour contrefaire une Dame de qualité, par le moyen d'un train fait à la hâte, &
d'un bizarre nom de Marquife ou de Vicomteffe,
que nous fuppoferions de la Baffe-Bretagne, j'aurois affez d'adreffe pour faire accroire à votre pere
que ce feroit une perfonne riche, outre fes maifons,
de cent mille écus en argent comptant ; qu'elle feroit éperduement amoureufe de lui, & fouhaiteroit
de fe voir fa femme, jufqu'à lui donner tout fon
bien par contrat de mariage ; & je ne doute point
qu'il ne prêtât l'oreille à la propofition ; car enfin,
il vous aime fort, je le fcais, mais il aime un peu
plus l'argent ; & quand ébloui de ce leurre, il auroit une fois confenti à ce qui vous touche ; il im-
porteroit peu enfuite qu'il fe défabufât, en venant
à vouloir voir clair aux effets de notre Marquife.

CLEANTE.
Tout cela eft fort bien penfé.

FROSINE.
Laiffez-moi faire. Je viens de me reffouvenir d'une
de mes amies, qui fera notre fait.

CLEANTE.
Sois affurée, Frofine, de ma reconnoiffance, fi tu
viens à bout de la chofe. Mais, charmante Mariane, commençons, je vous prie, par gagner votre
mere ; c'eft toujours beaucoup faire que de rompre
ce mariage. Faites-y de votre part, je vous en
conjure, tous les efforts qu'il vous fera poffible.
Servez-vous de tout le pouvoir que vous donne,
fur elle, cette amitié qu'elle a pour vous. Dé-
ployez, fans réferve, les graces éloquentes, les
charmes tout puiffans que le Ciel a placés dans vos
yeux & dans votre bouche ; & n'oubliez rien, s'il
vous plaît, de ces tendres paroles, de ces douces
prieres, & de ces careffes touchantes à qui je fuis
perfuadé qu'on ne fçauroit rien refufer.

L'AVARE,

MARIANE.

J'y ferai tout ce que je puis, & n'oublierai aucune chose.

SCENE II.

HARPAGON, CLEANTE, ELISE, MARIANE, FROSINE.

HARPAGON à part, sans être apperçu.

Ouais ! Mon fils baise la main de sa prétendue belle-mere, & sa prétendue belle-mere ne s'en défend pas fort. Y auroit-il quelque mystere là-dessous ?

ELISE.

Voilà mon pere.

HARPAGON.

Le carosse est tout prêt. Vous pouvez partir quand il vous plaira.

CLEANTE.

Puisque vous n'y allez pas, mon pere, je m'en vais les conduire.

HARPAGON.

Non. Demeurez. Elles iront toutes seules ; & j'ai besoin de vous.

SCENE III.

HARPAGON, CLEANTE.

HARPAGON.

Or ça, intérêt de belle-mere à part, que te semble, à toi, de cette personne?

CLEANTE.

Ce qui me semble ?

COMEDIE.

HARPAGON.
Oui, de son air, de sa taille, de sa beauté, de son esprit ?

CLEANTE.
Là, là.

HARPAGON.
Mais encore ?

CLEANTE.
A vous en parler franchement, je ne l'ai pas trouvée ici ce que je l'avois crue. Son air est de franche coquette, sa taille est assez gauche, sa beauté très-médiocre, & son esprit des plus communs. Ne croyez pas que ce soit, mon pere, pour vous en dégoûter ; car belle-mere pour belle-mere, j'aime autant celle-là qu'une autre.

HARPAGON.
Tu lui disois tantôt pourtant.

CLEANTE.
Je lui ai dit quelques douceurs en votre nom, mais c'étoit pour vous plaire.

HARPAGON.
Si bien donc que tu n'aurois pas d'inclination pour elle ?

CLEANTE.
Moi ? Point du tout.

HARPAGON.
J'en suis fâché ; car cela rompt une pensée qui m'étoit venue dans l'esprit. J'ai fait, en la voyant ici, réflexion sur mon âge ; & j'ai songé qu'on pourra trouver à redire de me voir marier à jeune personne. Cette considération m'en faisoit quitter le dessein ; &, comme je l'ai fait demander, & que je suis pour elle engagé de parole, je te l'aurois donnée, sans l'aversion que tu témoignes.

CLEANTE.
A moi ?

HARPAGON.
A toi.

CLEANTE.

En mariage?

HARPAGON.

En mariage.

CLEANTE.

Ecoutez. Il est vrai qu'elle n'est pas fort à mon goût; mais, pour vous faire plaisir, mon pere, je me résoudrai à l'épouser, si vous voulez.

HARPAGON.

Moi? Je suis plus raisonnable que tu ne penses. Je ne veux point forcer ton inclination.

CLEANTE.

Pardonnez-moi. Je me ferai cet effort pour l'amour de vous.

HARPAGON.

Non, non. Un mariage ne sçauroit être heureux, où l'inclination n'est pas.

CLEANTE.

C'est une chose, mon pere, qui peut-être viendra ensuite; & l'on dit que l'amour est souvent un fruit du mariage.

HARPAGON.

Non. Du côté de l'homme on ne doit point risquer l'affaire, & ce sont des suites fâcheuses, où je n'ai garde de me commettre. Si tu avois senti quelque inclination pour elle, à la bonne heure, je te l'aurois fait épouser, au lieu de moi; mais cela n'étant pas, je suivrai mon premier dessein, & je l'épouserai moi-même.

CLEANTE.

Hé bien, mon pere, puisque les choses sont ainsi, il faut vous découvrir mon cœur, il faut vous révéler notre secret. La vérité est que je l'aime, depuis un jour que la vis dans une promenade, que mon dessein étoit tantôt de vous la demander pour femme; & que rien ne m'a retenu, que la déclaration de vos sentimens, & la crainte de vous déplaire.

HARPAGON.

HARPAGON.
Lui avez-vous rendu visite?
CLEANTE.
Oui, mon pere.
HARPAGON.
Beaucoup de fois.
CLEANTE.
Assez, pour le tems qu'il y a.
HARPAGON.
Vous a-t-on bien reçu?
CLEANTE.
Fort bien, mais sans sçavoir qui j'étois; & c'est ce qui a fait tantôt la surprise de Mariane.
HARPAGON.
Lui avez-vous déclaré votre passion, & le dessein où vous étiez de l'épouser?
CLEANTE.
Sans doute; & même j'en avois fait à sa mere quelque peu d'ouverture.
HARPAGON.
A-t-elle écouté, pour sa fille, votre proposition?
CLEANTE.
Oui, fort civilement.
HARPAGON.
Et la fille correspond-elle à votre amour?
CLEANTE.
Si j'en dois croire les apparences, je me persuade, mon pere, qu'elle a quelque bonté pour moi.
HARPAGON *bas à part.*
Je suis bien-aise d'avoir appris un tel secret; & voilà justement ce que je demandois. (*haut.*) Or sus, mon fils, sçavez-vous ce qu'il y a? C'est qu'il faut songer, s'il vous plaît, à vous défaire de votre amour, à cesser toutes vos poursuites auprès d'une personne que je prétends pour moi; & à vous marier, dans peu, avec celle qu'on vous destine.
CLEANTE.
Oui, mon pere, c'est ainsi que vous me jouez? Hé

Tome V.   H

bien, puisque les choses en sont venues-là, je vous déclare, moi, que je ne quitterai point la passion que j'ai pour Mariane, qu'il n'y a point d'extrémité où je ne m'abandonne pour vous disputer sa conquête ; & que si vous avez pour vous le consentement d'une mere, j'aurai d'autres secours, peut-être, qui combattront pour moi.

HARPAGON.

Comment, pendard, tu as l'audace d'aller sur mes brisées ?

CLEANTE.

C'est vous qui allez sur les miennes, & je suis le premier en date.

HARPAGON.

Ne suis-je pas ton pere, & ne me dois-tu pas respect ?

CLEANTE.

Ce ne sont point ici des choses où les enfans soient obligés de déférer aux peres, & l'amour ne connoit personne.

HARPAGON.

Je te ferai me connoître avec de bons coups de bâton.

CLEANTE.

Toutes vos menaces ne feront rien.

HARPAGON.

Tu renonceras à Mariane.

CLEANTE.

Point du tout.

HARPAGON.

Donnez-moi un bâton tout à l'heure.

SCENE IV.

HARPAGON, CLEANTE, MAISTRE JACQUES.

M. JACQUES.

Hé, hé! Meſſieurs, qu'eſt-ceci? A quoi ſongez-vous?

CLEANTE.
Je me moque de cela.

M. JACQUES *à Cléante*.
Ah! Monſieur, doucement.

HARPAGON.
Me parler avec cette impudence!

M. JACQUES *à Harpagon*.
Ah! Monſieur, de grace.

CLEANTE.
Je n'en démordrai point.

M. JACQUES *à Cléante*.
Hé quoi, à votre pere?

HARPAGON.
Laiſſe-moi faire.

M. JACQUES *à Harpagon*.
Hé quoi; à votre fils? encore paſſe pour moi.

HARPAGON.
Je te veux faire toi-même, maître Jacques, Juge de cette affaire, pour montrer comme j'ai raiſon.

M. JACQUES.
(*à Cléante.*)
J'y conſens. Eloignez-vous un peu.

HARPAGON.
J'aime une fille que je veux épouſer; & le pendard a l'inſolence de l'aimer avec moi, & d'y prétendre malgré mes ordres.

L'AVARE,

M. JACQUES.

Ah ! il a tort.

HARPAGON.

N'est-ce pas une chose épouventable, qu'un fils qui veut entrer en concurrence avec son pere, & ne doit-il pas, par respect, s'abstenir de toucher à mes inclinations ?

M. JACQUES.

Vous avez raison. Laissez-moi lui parler ; & demeurez-là.

CLEANTE *à maître Jacques qui s'approche de lui.*

Hé bien, oüi, puisqu'il veut te choisir pour juge, je n'y recule point, il ne m'importe qui que ce soit ; & je veux bien aussi me rapporter à toi, maître Jacques, de notre différend.

M. JACQUES.

C'est beaucoup d'honneur que vous me faites.

CLEANTE.

Je suis épris d'une jeune personne, qui répond à mes vœux, & reçoit tendrement les offres de ma foi ; & mon pere s'avise de venir troubler notre amour par la demande qu'il en fait faire.

M. JACQUES.

Il a tort assurément.

CLEANTE.

N'a-t-il point de honte, à son âge, de songer à se marier ? Lui sied-il bien d'être amoureux ; & ne devroit-il pas laisser cette occupation aux jeunes gens?

M. JACQUES.

Vous avez raison, il se moque. Laissez moi lui dire.

(*à Harpagon.*)

deux mots. Hé bien votre fils n'est pas si étrange que vous le dites, & il se met à la raison. Il dit qu'il sçait le respect qu'il vous doit, qu'il ne s'est emporté que dans la premiere chaleur ; & qu'il ne fera point de refus de se soumettre à ce qu'il vous plaira, pourvu que vous vouliez le traiter mieux que vous

ne faites ; & lui donner quelque perſonne en mariage, dont il ait lieu d'être content.
HARPAGON.
Ah! Di-lui, maître Jacques, que, moyennant cela, il pourra eſpérer toutes choſes de moi ; & que, hors Mariane, je lui laiſſe la liberté de choiſir celle qu'il voudra.
M. JACQUES.
(à Cléante.)
Laiſſez-moi faire. Hé bien, votre pere n'eſt pas ſi déraiſonnable que vous le faites ; & il m'a témoigné que ce ſont vos emportemens qui l'ont mis en colere, & qu'il n'en veut ſeulement qu'à votre maniere d'agir ; & qu'il ſera fort diſpoſé à vous accorder ce que vous ſouhaitez, pourvu que vous vouliez vous y prendre par la douceur, & lui rendre les déférences, les reſpects, & les ſoumiſſions qu'un fils doit à ſon pere.
CLEANTE.
Ah! Maître Jacques, tu lui peux aſſurer que, s'il m'accorde Mariane, il me verra toujours le plus ſoumis de tous les hommes ; & que jamais je ne ferai aucune choſe que par ſes volontés.
M. JACQUES à Harpagon.
Cela eſt fait ; il conſent à ce que vous dites.
HARPAGON.
Voilà qui va le mieux du monde.
M. JACQUES à Cléante.
Tout eſt conclu ; il eſt content de vos promeſſes.
CLEANTE.
Le Ciel en ſoit loué.
M. JACQUES.
Meſſieurs, vous n'avez qu'à parler enſemble, vous voilà d'accord maintenant ; & vous alliez vous quereller, faute de vous entendre.
CLEANTE.
Mon pauvre maître Jacques, je te ſerai obligé toute ma vie.

H 3

M. JACQUES.

Il n'y a pas de quoi, Monsieur.

HARPAGON.

Tu m'as fait plaisir, maître Jacques; & cela mérite une récompense.

(Harpagon fouille dans sa poche, maître Jacques tend la main, mais Harpagon ne tire que son mouchoir, en disant :)

Va je m'en souviendrai, je t'assure.

M. JACQUES.

Je vous baise les mains.

SCENE V.

HARPAGON, CLÉANTE.

CLEANTE.

JE vous demande pardon, mon pere, de l'emportement que j'ai fait paroître.

HARPAGON.

Cela n'est rien.

CLEANTE.

Je vous assure que j'en ai tous les regrets du monde.

HARPAGON.

Et moi, j'ai toutes les joies du monde de te voir raisonnable.

CLEANTE.

Quelle bonté à vous d'oublier si vîte ma faute !

HARPAGON.

On oublie aisément les fautes des enfans, lorsqu'ils rentrent dans leur devoir.

CLEANTE.

Quoi ? Ne garder aucun ressentiment de toutes mes extravagances.

HARPAGON.

C'est une chose où tu m'obliges par la soumission & le respect où tu te ranges.

COMEDIE.

CLEANTE.
Je vous promets, mon pere, que, jufqu'au tombeau, je conferverai, dans mon cœur, le souvenir de vos bontés.

HARPAGON.
Et moi, je te promets qu'il n'y aura aucune chofe que tu n'obtiennes de moi.

CLEANTE.
Ah! mon pere, je ne vous demande plus rien; & c'eft m'avoir affez donné, que de me donner Mariane.

HARPAGON.
Comment?

CLEANTE.
Je dis, mon pere, que je fuis trop content de vous; & que je trouve toutes chofes dans la bonté que vous avez de m'accorder Mariane.

HARPAGON.
Qui eft-ce qui parle de t'accorder Mariane?

CLEANTE.
Vous, mon pere.

HARPAGON.
Moi?

CLEANTE.
Sans doute.

HARPAGON.
Comment? C'eft toi qui a promis d'y renoncer.

CLEANTE.
Moi, y renoncer?

HARPAGON.
Oui.

CLEANTE.
Point du tout.

HARPAGON.
Tu ne t'es pas départi d'y prétendre?

CLEANTE.
Au contraire, j'y fuis plus porté que jamais.

HARPAGON.
Quoi, pendard, derechef?

L'AVARE,
CLÉANTE.
Rien ne me peut changer.
HARPAGON.
Laisse-moi faire, traître.
CLÉANTE.
Faites tout ce qu'il vous plaira.
HARPAGON.
Je te défends de me jamais voir.
CLÉANTE.
A la bonne heure.
HARPAGON.
Je t'abandonne.
CLÉANTE.
Abandonnée.
HARPAGON.
Je te renonce pour mon fils.
CLÉANTE.
Soit.
HARPAGON.
Je te deshérite.
CLÉANTE.
Tout ce que vous voudrez.
HARPAGON.
Et je te donne ma malédiction.
CLÉANTE.
Je n'ai que faire de vos dons.

SCENE VI.

CLEANTE, LA FLECHE.

LA FLECHE *sortant du Jardin avec une caffette.*

AH ! Monsieur, que je vous trouve à propos !
Suivez-moi, vîte.
CLÉANTE.
Qu'y a-t-il ?

COMEDIE.
LA FLECHE.
Suivez-moi, vous dis-je, nous sommes bien.
CLEANTE.
Comment ?
LA FLECHE.
Voici votre affaire.
CLEANTE.
Quoi ?
LA FLECHE.
J'ai guigné ceci tout le jour.
CLEANTE.
Qu'est-ce que c'est ?
LA FLECHE.
Le trésor de votre pere que j'ai attrapé.
CLEANTE.
Comment as-tu fait ?
LA FLECHE.
Vous sçaurez tout. Sauvons-nous, je l'entends crier.

SCENE VII.

HARPAGON, *criant au voleur dès le Jardin.*

AU voleur, au voleur, à l'assassin, au meurtrier. Justice, juste Ciel ! Je suis perdu, je suis assassiné, on m'a coupé la gorge, on m'a dérobé mon argent. Qui peut-ce être ? Qu'est-il devenu ? Où est-il ? Où se cache-t-il ? Que ferai-je pour le trouver ? Où courir ? Où ne pas courir ? N'est-il point-là ? N'est-il point ici ! Qui est-ce ? Arrête.
(*à lui-même, se prenant par le bras.*)
Rends-moi mon argent, coquin..... Ah ! C'est moi. Mon esprit est troublé, & j'ignore où je suis, qui je suis, & ce que je fais. Hélas ! mon pauvre argent, mon pauvre argent, mon cher ami, on m'a

privé de toi ; &, puisque tu m'es enlevé, j'ai perdu mon support, ma consolation, ma joie, tout est fini pour moi, & je n'ai plus que faire au monde. Sans toi, il m'est impossible de vivre. C'en est fait, je n'en puis plus, je me meurs, je suis mort, je suis enterré. N'y a-t-il personne qui veuille me ressusciter, en me rendant mon cher argent, ou en m'apprenant qui l'a pris ? Hé ? Que dites-vous ? Ce n'est personne. Il faut, qui que ce soit qui ait fait le coup, qu'avec beaucoup de soin on ait épié l'heure ; & l'on a choisi justement le tems que je parlois à mon traître de fils. Sortons. Je veux aller quérir la justice, & faire donner la question à toute ma maison, à servantes, à valets, à fils, à fille ; & à moi aussi. Que de gens assemblés ! Je ne jette mes regards sur personne qui ne me donne des soupçons, & tout me semble mon voleur. Hé ! De quoi est-ce qu'on parle-là ? De celui qui m'a dérobé ? Quel bruit fait-on là-haut ? Est-ce mon voleur qui y est ? De grace, si l'on sçait des nouvelles de mon voleur, je supplie que l'on m'en dise. N'est-il point caché-là parmi vous ? Ils me regardent tous, & se mettent à rire. Vous verrez qu'ils ont part, sans doute, au vol que l'on m'a fait. Allons vite, des Commissaires, des Archers, des Prevôts, des Juges, des Génes, des Potences, des Bourreaux. Je veux faire pendre tout le monde ; &, si je ne retrouve mon argent, je me pendrai moi-même après.

Fin du quatrieme Acte.

ACTE V.

SCENE PREMIERE.

HARPAGON, UN COMMISSAIRE.

LE COMMISSAIRE.

Laiſſez-moi faire. Je ſçais mon métier, Dieu merci. Ce n'eſt pas d'aujourd'hui que je me mêle de découvrir des vols; & je voudrois avoir autant de ſacs de mille francs, que j'ai fait pendre de perſonnes.

HARPAGON.

Tous les Magiſtrats ſont intéreſſés à prendre cette affaire en main; & ſi l'on ne me fait retrouver mon argent, je demanderai juſtice de la juſtice.

LE COMMISSAIRE.

Il faut faire toutes les pourſuires requiſes. Vous dites qu'il y avoit dans cette caſſette ?

HARPAGON.

Dix mille écus bien comptés.

LE COMMISSAIRE.

Dix mille écus ?

HARPAGON.

Dix mille écus.

LE COMMISSAIRE.

Le vol eſt conſidérable.

HARPAGON.

Il n'y a point de ſupplice aſſez grand pour l'énormité de ce crime; & s'il demeure impuni, les choſes les plus ſacrées ne ſont plus en ſûreté.

H 6

LE COMMISSAIRE.
En quelles especes étoit cette somme?
HARPAGON.
En bon louis d'or, & pistoles bien trébuchantes.
LE COMMISSAIRE.
Qui soupçonnez-vous de ce vol?
HARPAGON.
Tout le monde; & je veux que vous arrêtiez prisonniers la Ville & les Fauxbourgs.
LE COMMISSAIRE.
Il faut, si vous m'en croyez, n'effaroucher personne, & tâcher doucement d'attraper quelques preuves, afin de procéder après, par la rigueur, au recouvrement des deniers qui vous ont été pris.

SCENE II.

HARPAGON, UN COMMISSAIRE, M. JACQUES.

M. JACQUES *dans le fond du Théâtre, en se retournant du côté par lequel il est entré.*

JE m'en vais revenir. Qu'on me l'égorge tout-à l'heure, qu'on me lui fasse griller les pieds, qu'on me le mette dans l'eau bouillante; & qu'on me le pende au plancher.
HARPAGON *à M. Jacques.*
Qui? Celui qui m'a dérobé?
M. JACQUES.
Je parle d'un cochon de lait que votre Intendant me vient d'envoyer, & je veux vous l'accommoder à ma fantaisie.
HARPAGON.
Il n'est pas question de cela; & voilà Monsieur, à qui il faut parler d'autre chose.

COMEDIE. 181

LE COMMISSAIRE à M. Jacques.
Ne vous épouvantez point. Je suis homme à ne vous point scandaliser, & les choses iront dans la douceur.

M. JACQUES.
Monsieur est de votre soupé?

LE COMMISSAIRE.
Il faut ici, mon cher ami, ne rien cacher à votre maître.

M. JACQUES.
Ma foi, Monsieur, je montrerai tout ce que je sçais faire ; & je vous traiterai du mieux qu'il me sera possible.

HARPAGON.
Ce n'est pas-là l'affaire.

M. JACQUES.
Si je ne vous fais pas aussi bonne chere que je voudrois, c'est la faute de Monsieur votre Intendant, qui m'a rogné les aîles avec les ciseaux de son économie.

HARPAGON.
Traître, il s'agit d'autre chose que de souper, & je veux que tu me dises des nouvelles de l'argent qu'on m'a pris.

M. JACQUES.
On vous a pris de l'argent?

HARPAGON.
Oui, coquin ; & je m'en vais te faire pendre, si tu ne me le rends.

LE COMMISSAIRE à Harpagon.
Mon Dieu, ne le maltraitez point. Je vois à sa mine qu'il est honnête-homme, & que, sans se faire mettre en prison, il vous découvrira ce que vous voulez sçavoir. Oui, mon ami, si vous nous confessez la chose, il ne vous sera fait aucun mal, & vous serez récompensé, comme il faut, par votre maître. On lui a pris aujourd'hui son argent, & il n'est pas que vous ne sçachiez quelques nouvelles de cette affaire.

M. JACQUES *bas à part.*

Voici justement ce qu'il me faut pour me venger de notre Intendant. Depuis qu'il est entré céans, il est le favori, on n'écoute que ses conseils, & j'ai aussi sur le cœur les coups de bâton de tantôt.

HARPAGON.

Qu'as-tu à ruminer?

LE COMMISSAIRE *à Harpagon.*

Laissez-le faire. Il se prépare à vous contenter; & je vous ai bien dit qu'il étoit honnête-homme.

M. JACQUES.

Monsieur, si vous voulez que je vous dise les choses, je crois que c'est Monsieur votre cher Intendant qui a fait le coup.

HARPAGON.

Valere

M. JACQUES.

Oui.

HARPAGON.

Lui, qui me paroît si fidele?

M. JACQUES.

Lui-même. Je crois que c'est lui qui vous a dérobé.

HARPAGON.

Et sur quoi le crois-tu?

M. JACQUES.

Sur quoi?

HARPAGON.

Oui.

M. JACQUES.

Je le crois.... sur ce que je le crois.

LE COMMISSAIRE.

Mais il est nécessaire de dire les indices que vous avez.

HARPAGON.

L'as-tu vu roder autour du lieu où j'avois mis mon argent?

M. JACQUES.

Oui, vraiment. Où étoit-il votre argent?

COMEDIE. 183
HARPAGON.
Dans le jardin.
M. JACQUES.
Justement. Je l'ai vu roder dans le jardin. Et dans quoi est-ce que cet argent étoit ?
HARPAGON.
Dans une cassette.
M. JACQUES.
Voilà l'affaire. Je lui ai vu une cassette.
HARPAGON.
Et cette cassette, comment est-elle faite ? Je verrai bien si c'est la mienne.
M. JACQUES.
Comment elle est faite ?
HARPAGON.
Oui.
M. JACQUES.
Elle est faite... Elle est faite comme une cassette.
LE COMMISSAIRE.
Cela s'entend. Mais dépeignez-la un peu, pour voir.
M. JACQUES.
C'est une grande cassette.
HARPAGON.
Celle qu'on m'a volée est petite.
M. JACQUES.
Hé, oui, elle est petite, si on le veut prendre par-là ; mais je l'appelle grande pour ce qu'elle contient.
LE COMMISSAIRE.
Et de quelle couleur est-elle ?
M. JACQUES.
De quelle couleur ?
LE COMMISSAIRE.
Oui.
M. JACQUES.
Elle est de couleur.... là, d'une certaine couleur... Ne sçauriez-vous m'aider à dire ?
HARPAGON.
Hé ?

N'est-elle pas rouge ?
HARPAGON.
Non, grise.
M. JACQUES.
Hé, oui, gris-rouge ; c'est ce que je voulois dire.
HARPAGON.
Il n'y a point de doute. C'est elle assurément. Ecrivez, Monsieur, écrivez sa déposition. Ciel ! à qui désormais se fier ? Il ne faut plus jurer de rien, & je crois, après cela, que je suis homme à me voler moi-même.

M. JACQUES à *Harpagon*.
Monsieur, le voici qui revient. Ne lui allez pas dire au moins, que c'est moi qui vous ai découvert cela.

SCENE III.

HARPAGON, UN COMMISSAIRE, VALERE, MAISTRE JACQUES.

HARPAGON.

Approche, viens confesser l'action la plus noire, l'attentat le plus horrible qui jamais ait été commis.
VALERE.
Que voulez-vous, Monsieur ?
HARPAGON.
Comment, traître, tu ne rougis pas de ton crime ?
VALERE.
De quel crime voulez-vous donc parler ?
HARPAGON.
De quel crime je veux parler, infame, comme si tu ne sçavois pas ce que je veux dire ? C'est en vain que tu prétendrois de le déguiser. L'affaire est découverte, & l'on vient de m'apprendre tout. Com-

COMEDIE.

ment ? abuser ainsi de ma bonté, & s'introduire exprès chez moi pour me trahir, pour me jouer un tour de cette nature ?

VALERE.

Monsieur, puisqu'on vous a découvert tout, je ne veux point chercher de détours, & vous nier la chose.

M. JACQUES *à part.*

Oh, oh ! aurois-je deviné sans y penser ?

VALERE.

C'étoit mon dessein de vous en parler, & je voulois attendre, pour cela, des conjonctures favorables ; mais puisqu'il est ainsi, je vous conjure de ne vous point fâcher, & de vouloir entendre mes raisons.

HARPAGON.

Et quelles belles raisons peux-tu me donner, voleur infame ?

VALERE.

Ah ! Monsieur, je n'ai pas mérité ces noms. Il est vrai que j'ai commis une offense envers vous ; mais après tout, ma faute est pardonnable.

HARPAGON.

Comment, pardonnable ? Un guet-à-pens, un assassinat de la sorte ?

VALERE.

De grace, ne vous mettez point en colere. Quand vous m'aurez oui, vous verrez que le mal n'est pas si grand que vous le faites.

HARPAGON.

Le mal n'est pas si grand que je le fais ? Quoi, mon sang, mes entrailles, pendard ?

VALERE.

Votre sang, Monsieur, n'est pas tombé dans de mauvaises mains. Je suis d'une condition à ne lui point faire de tort ; & il n'y a rien, en tout ceci, que je ne puisse bien réparer.

HARPAGON.

C'est bien mon intention, & que tu me restitues ce que tu m'as ravi.

VALERE.
Votre honneur, Monsieur, sera pleinement satisfait.

HARPAGON.
Il n'est pas question d'honneur là-dedans. Mais, dis-moi, qui t'a porté à cette action?

VALERE.
Hélas, me le demandez-vous?

HARPAGON.
Oui, vraiment, je te le demande.

VALERE.
Un Dieu qui porte les excuses de tout ce qu'il fait faire; l'Amour.

HARPAGON.
L'Amour !

VALERE.
Oui.

HARPAGON.
Bel amour, bel amour, ma foi ! l'amour de mes louis d'or.

VALERE.
Non, Monsieur, ce ne sont point vos richesses qui m'ont tenté, ce n'est pas cela qui m'a ébloui; & je proteste de ne prétendre rien à tous vos biens, pourvu que vous me laissiez celui que j'ai.

HARPAGON.
Non ferai, de par tous les diables; je ne te le laisserai pas. Mais voyez quelle insolence, de vouloir retenir le vol qu'il m'a fait !

VALERE.
Appellez-vous cela un vol?

HARPAGON.
Si je l'appelle un vol ? un trésor comme celui-là ?

VALERE.
C'est un trésor, il est vrai, & le plus précieux que vous ayez sans, sans doute ; mais ce ne sera pas le perdre que de me le laisser. Je vous le demande à genoux ; ce trésor plein de charmes; &, pour bien faire, il faut que vous me l'accordiez.

COMEDIE.

HARPAGON.
Je n'en ferai rien. Qu'est-ce à dire cela ?

VALERE.
Nous nous sommes promis une foi mutuelle, & avons fait serment de ne nous point abandonner.

HARPAGON.
Le serment est admirable, & la promesse plaisante !

VALERE.
Oui, nous nous sommes engagés d'être l'un à l'autre à jamais.

HARPAGON.
Je vous en empêcherai bien, je vous assure.

VALERE.
Rien que la mort ne nous peut séparer.

HARPAGON.
C'est être bien endiablé après mon argent.

VALERE.
Je vous ai déjà dit, Monsieur, que ce n'étoit point l'intérêt qui m'avoit poussé à faire ce que j'ai fait. Mon cœur n'a point agi par les ressorts que vous pensez ; & un motif plus noble m'a inspiré cette résolution.

HARPAGON.
Vous verrez que c'est par charité chrétienne qu'il veut avoir mon bien ; mais j'y donnerai bon ordre, & la justice, pendard, effronté, va me faire raison de tout.

VALERE.
Vous en userez comme vous voudrez, & me voilà prêt à souffrir toutes les violences qu'il vous plaira ; mais je vous prie de croire, au moins, que, s'il y a du mal, ce n'est que moi qu'il en faut accuser, & que votre fille, en tout ceci, n'est aucunement coupable.

HARPAGON.
Je le crois bien vraiment ; il seroit fort étrange que ma fille eût trempé dans ce crime. Mais je veux ravoir mon affaire, & que tu me confesses en quel endroit tu me l'as enlevée.

VALERE.

Moi ? je ne l'ai point enlevée, & elle est encore chez vous.

HARPAGON.
(à part.)   (haut)

O ma chere caffette. Elle n'est point sortie de ma maison ?

VALERE.

Non, Monsieur.

HARPAGON.

Hé, dis-moi un peu ; tu n'y as point touché ?

VALERE.

Moi, y toucher ? Ah ! vous lui faites tort aussi-bien qu'à moi ; & c'est d'une ardeur toute pure & respectueuse, que j'ai brûlé pour elle.

HARPAGON à part.

Brûlé pour ma caffette !

VALERE.

J'aimerois mieux mourir que de lui avoir fait paroître aucune pensée offensante ; elle est trop sage & trop honnête pour cela.

HARPAGON à part.

Ma caffette trop honnête !

VALERE.

Tous mes desirs se sont bornés à jouir de sa vue ; & rien de criminel n'a profané la passion que ses beaux yeux m'ont inspirée.

HARPAGON.

Les beaux yeux de ma caffette ! il parle d'elle, comme un amant d'une maîtresse.

VALERE.

Dame Claude, Monsieur, sçait la vérité de cette aventure & elle vous peut rendre témoignagne....

HARPAGON.

Quoi ! ma servante est complice de l'affaire ?

VALERE.

Oui, Monsieur, elle a été témoin de notre engagement ; & c'est après avoir connu l'honnêteté de

COMEDIE.

ma flamme, qu'elle m'a aidé à perfuader votre fille de me donner fa foi, & de recevoir la mienne.

HARPAGON.
(à part.)
Hé ? eft-ce que la peur de la juftice le fait extrava-
(à Valere.)
guer ? Que nous brouilles-tu ici de ma fille ?

VALERE.
Je dis, Monfieur, que j'ai eu toutes les peines du monde à faire confentir fa pudeur à ce que vouloit mon amour.

HARPAGON.
La pudeur de qui ?

VALERE.
De votre fille ; & c'eft feulement depuis hier qu'elle a pu fe réfoudre à nous figner mutuellement une promeffe de mariage.

HARPAGON.
Ma fille t'a figné une promeffe de mariage ?

VALERE.
Oui, Monfieur ; comme de ma part, je lui en ai figné une.

HARPAGON.
O Ciel ! autre difgrace !

M. JACQUES *au Commiffaire*.
Ecrivez, Monfieur, écrivez.

HARPAGON.
Rengrégement de mal ! furcroît de défefpoir ! (*au Commiffaire*) Allons, Monfieur, faites le dû de votre charge, & dreffez-lui-moi fon procès comme larron, & comme furborneur.

M. JACQUES.
Comme larron, & comme furborneur.

VALERE.
Ce font des noms qui ne me font point dûs ; & quand on fçaura qui je fuis....

SCENE VI.

HARPAGON, ELISE, MARIANE, VALERE, FROSINE, MAISTRE JACQUES, UN COMMISSAIRE.

HARPAGON.

AH! fille scélérate, fille indigne d'un pere comme moi ; c'est ainsi que tu pratiques les leçons que je t'ai données ? Tu te laisses prendre d'amour pour un voleur infâme, & tu lui engages ta foi sans mon consentement ? mais vous serez trompés l'un & l'autre. (*à Elise.*) Quatre bonnes murailles me répondront de ta conduite ; (*à Valere.*) & une bonne potence me fera raison de ton audace.

VALERE.

Ce ne sera point votre passion qui jugera l'affaire ; & l'on m'écoutera, au moins, avant que de me condamner.

HARPAGON.

Je me suis abusé de dire une potence ; & tu seras roué tout vif.

ELISE *aux genoux d'Harpagon.*

Ah! mon pere, prenez des sentimens un peu plus humains, je vous prie ; & n'allez point pousser les choses dans les derniers violences du pouvoir paternel. Ne vous laissez point entraîner aux premiers mouvemens de votre passion ; & donnez-vous le tems de considérer ce que vous voulez faire. Prenez la peine de mieux voir celui dont vous vous offensez, il est tout autre que vos yeux ne le jugent ; & vous trouverez moins étrange que je me sois donnée à lui, lorsque vous sçaurez que, sans lui, vous ne m'auriez plus il y a long-tems. Oui, mon pere, c'est celui qui me sauva de ce grand

COMEDIE.

péril que vous sçavez que je courus dans l'eau, & à qui vous devez la vie de cette même fille, dont...

HARPAGON.

Tout cela n'est rien; & il valoit bien mieux pour moi, qu'il te laissa noyer, que de faire ce qu'il a fait.

ELISE.

Mon pere, je vous conjure, par l'amour paternel, de me...

HARPAGON.

Non, non, je ne veux rien entendre; & il faut que la justice fasse son devoir.

M. JACQUES *à part*.

Tu me paieras mes coups de bâton.

FROSINE *à part*.

Voici un étrange embarras.

SCENE V.

ANSELME, HARPAGON, ELISE, MARIANE, FROSINE, VALERE, UN COMMISSAIRE, MAITRE JACQUES.

ANSELME.

Qu'est-ce, Seigneur Harpagon? Je vous vois tout ému?

HARPAGON.

Ah! Seigneur Anselme, vous me voyez le plus infortuné de tous les hommes, & voici bien du trouble & du désordre au contrat que vous venez faire. On m'assassine dans le bien, on m'assassine dans l'honneur; & voilà un traître, un scélérat, qui a violé tous les droits les plus saints, qui s'est coulé chez moi sous le titre de domestique, pour me dérober mon argent, & pour me suborner ma fille.

VALERE.

Qui songe à votre argent, dont vous me faites un galimathias?

HARPAGON.

Oui, ils se sont donnés l'un à l'autre une promesse de mariage. Cet affront vous regarde, Seigneur Anselme, & c'est vous qui devez vous rendre partie contre lui, & faire, à vos dépens, toutes les poursuites de la justice, pour vous venger de son insolence.

ANSELME.

Ce n'est pas mon dessein de me faire épouser par force, & de rien prétendre à un cœur qui se seroit donné ; mais, pour vos intérêts, je suis prêt à les embrasser ainsi que les miens propres.

HARPAGON.

Voilà Monsieur, qui est un honnête Commissaire, qui n'oubliera rien, à ce qu'il m'a dit, de la fonc-
(*au Commissaire montrant* Valere.)
tion de son office. Chargez-le, comme il le faut, Monsieur, & rendez les choses bien criminelles.

VALERE.

Je ne vois pas quel crime on me peut faire de la passion que j'ai pour votre fille, & le supplice où vous croyez que je puisse être condamné pour notre engagement, lorsqu'on sçaura ce que je suis.

HARPAGON.

Je me moque de tous ces contes ; & le monde aujourd'hui n'est plein que de ces larrons de noblesse, que de ces imposteurs, qui tirent avantage de leur obscurité, & s'habillent insolemment du premier nom illustre qu'ils s'avisent de prendre.

VALERE.

Sçachez que j'ai le cœur trop bon, pour me parer de quelque chose qui ne soit point à moi ; & que tout Naples peut rendre témoignage de ma naissance.

ANSELME.

Tout beau ; prenez garde à ce que vous allez dire. Vous risquez ici plus que vous ne pensez ; & vous parlez devant un homme à qui tout Naples est connu, & qui peut aisément voir clair dans l'histoire que vous ferez.

VALERE.

COMEDIE.

VALERE.

Je ne suis point homme à rien craindre ; & si Naples vous est connu, vous sçavez qui étoit Dom Thomas d'Alburci.

ANSELME.

Sans doute, je le sçais ; & peu de gens l'ont connu mieux que moi

HARPAGON.

Je ne me soucie ni de Dom Thomas, ni de Dom Martin.

(Harpagon voyant deux chandelles allumées, en souffle une.)

ANSELME.

De grace, laissez-le parler ; nous verrons ce qu'il en veut dire.

VALERE.

Je veux dire, que c'est lui qui m'a donné le jour.

ANSELME.

Lui ?

VALERE.

Oui.

ANSELME.

Allez. Vous vous moquez, cherchez quelqu'autre histoire qui vous puisse mieux réussir ; & ne prétendez pas vous sauver sous cette imposture.

VALERE.

Songez à mieux parler. Ce n'est point une imposture, & je n'avance rien, qu'il ne me soit aisé de justifier.

ANSELME.

Quoi ! Vous osez vous dire fils de Dom Thomas d'Alburci ?

VALERE.

Oui, je l'ose ; & suis prêt de soutenir cette vérité contre qui que ce soit.

ANSELME.

L'audace est merveilleuse ! Apprenez, pour vous confondre, qu'il y a seize ans, pour le moins, que l'homme dont vous parlez, périt sur mer avec ses en-

Tome V.   I

fans & fa femme, en voulant dérober leur vie aux cruelles perfécutions qui ont accompagné les défordres de Naples, & qui en firent exiler plufieurs nobles familles.

VALERE.

Oui ; mais aprenez, pour vous confondre, vous, que fon fils âgé de fept ans, avec un domeftique, fut fauvé de ce naufrage par un vaiffeau Efpagnol, & que ce fils fauvé eft celui qui vous parle. Apprenez que le Capitaine de ce vaiffeau, touché de ma fortune, prit amitié pour moi, qu'il me fit élever comme fon propre fils ; & que les armes furent mon emploi dès que je m'en trouvai capable ; que j'ai fçu depuis peu que mon pere n'étoit point mort, comme je l'avois toujours cru ; que, paffant ici pour l'aller chercher, une aventure par le Ciel concertée, me fit voir la charmante Elife ; que cette vue me rendit efclave de fes beautés, & que la violence de mon amour, & les févérités de fon pere me firent prendre la réfolution de m'introduire dans fon logis, & d'envoyer un autre à la quête de mes parens.

ANSELME.

Mais quels témoignages encore autres que vos paroles, nous peuvent affurer que ce ne foit point une fable que vous ayez bâtie fur une vérité ?

VALERE.

Le Capitaine Efpagnol, un cachet de rubis qui étoit à mon pere, un braffelet d'agathe que ma mere m'avoit mis au bras, le vieux Pédro, ce domeftique qui fe fauva avec moi du naufrage.

MARIANE.

Hélas ! A vos paroles je puis ici répondre, moi, que vous n'impofez point ; & tout ce que vous dites me fait connoître clairement que vous êtes mon frere.

VALERE.

Vous, ma fœur !

MARIANE.

Oui, mon cœur s'eft ému dès le moment que vous

avez ouvert la bouche ; & notre mere que vous allez revoir, m'a mille fois entretenue des disgraces de notre famille. Le Ciel ne nous fit point aussi périr dans ce triste naufrage ; mais il ne nous sauva la vie que par la perte de notre liberté ; & ce furent des corsaires qui nous recueillirent ma mere & moi sur un débris de notre vaisseau. Après dix ans d'esclavage, une heureuse fortune nous rendit notre liberté, & nous retournâmes dans Naples, où nous trouvâmes tout notre bien vendu, sans y pouvoir trouver des nouvelles de notre pere. Nous passames à Genes, où ma mere alla ramasser quelques malheureux restes d'une succession qu'on avoit déchirée ; delà, fuyant la barbare injustice de ses parens, elle vint en ces lieux, où elle n'a presque vécu que d'une vie languissante.

ANSELME.

Oh Ciel ! Quels sont les traits de ta puissance, & que tu fais bien voir qu'il n'apartient qu'à toi de faire des miracles ! Embrassez-moi, mes enfans & mêlez tous tous deux vos transports à ceux de votre pere.

VALERE.

Vous êtes notre pere ?

MARIANE.

C'est vous que ma mere a tant pleuré.

ANSELME.

Oui, ma fille, oui mon fils, je suis Dom Thomas d'Alburci, que le Ciel garantit des ondes avec tout l'argent qu'il portoit ; & qui, vous ayant tous cru morts durant plus de seize ans, se préparoit, après de longs voyages, à chercher dans l'hymen d'une douce & sage personne, la consolation de quelque nouvelle famille. Le peu de sûreté que j'ai vu pour ma vie à retourner à Naples, m'a fait y renoncer pour toujours ; & ayant sçu trouver moyen d'y faire vendre ce que j'avois, je me suis habitué ici, où, sous le nom d'Anselme, j'ai voulu m'eloigner des chagrins de cet autre nom, qui m'a causé tant de traverses.

HARPAGON à *Anselme.*

C'est-là votre Fils ?

ANSELME.
Oui.
HARPAGON.
Je vous prends à partie, pour me payer dix mille écus qu'il m'a volés.
ANSELME.
Lui, vous avoir volé ?
HARPAGON.
Lui-même.
VALERE.
Qui vous dit cela ?
HARPAGON.
Maître Jacques.
VALERE *à M. Jacques*.
C'est toi qui le dis ?
M. JACQUES.
Vous voyez que je ne dis rien.
HARPAGON.
Oui. Voilà Monsieur le Commissaire qui a reçu sa déposition.
VALERE.
Pouvez-vous me croire capable d'une action si lâche ?
HARPAGON.
Capable, où non capable, je veux ravoir mon argent.

SCENE DERNIERE.
HARPAGON, ANSELME, ELISE, MARIANE, CLEANTE, VALERE, FROSINE, UN COMMISSAIRE, MAISTRE JACQUES, LA FLECHE.

CLEANTE.
Ne vous tourmentez point, mon pere, & n'accusez personne. J'ai découvert des nouvelles de votre affaire ; & je viens ici pour vous dire que, si vous

voulez vous réfoudre à me laiffer époufer Mariane, votre argent vous fera rendu.
HARPAGON.
Où eft-il ?
CLEANTE.
Ne vous mettez point en peine. Il eft en un lieu dont je réponds ; & tout ne dépend que de moi. C'eſt à vous de me dire à quoi vous vous déterminez ; & vous pouvez choifir, ou de me donner Mariane, ou de perdre votre caffette.
HARPAGON.
N'en a-t-on rien ôté ?
CLEANTE.
Rien du tout. Voyez fi c'eft votre deffein de foufcrire à ce mariage, & de joindre votre confentement à celui de fa mere, qui lui laiffe la liberté de faire un choix entre nous deux.
MARIANE à Cléante.
Mais vous ne fçavez pas que ce n'eſt pas affez que ce
(montrant Valere.)
confentement ; & que le Ciel, avec un frere que vous
(montrant Anfelme.)
voyez, vient de me rendre un pere, dont vous avez à m'obtenir.
ANSELME.
Le Ciel, mes enfans, ne me redonne point à vous pour être contraire à vos vœux. Seigneur Harpagon, vous jugez bien que le choix d'une jeune perfonne tombera fur le fils plutôt que fur le pere. Allons, ne vous faites point dire ce qu'il n'eft point néceffaire d'entendre ; & confentez, ainfi que moi, à ce double hyménée.
HARPAGON.
Il faut, pour me donner confeil, que je voie ma caffette. ### CLEANTE.
Vous la verrez faine & entiere.
HARPAGON.
Je n'ai point d'argent à donner en mariage à mes enfans,

ANSELME.
Hé bien, j'en ai pour eux, que cela ne vous inquiéte point.

HARPAGON.
Vous obligerez-vous à faire tous les frais de ces deux mariages ?

ANSELME.
Oui, je m'y oblige. Etes-vous satisfait ?

HARPAGON.
Oui, pouvu que, pour les noces, vous me faſſiez faire un habit.

ANSELME.
D'accord. Allons jouir de l'allégreſſe que cet heureux jour nous preſente.

LE COMMISSAIRE.
Holà, Meſſieurs, holà. Tout doucement, s'il vous plaît. Qui me payera mes écritures ?

HARPAGON.
Nous n'avons que faire de vos écritures.

LE COMMISSAIRE.
Oui, mais je ne prétends pas moi, les avoir faites pour rien.

HARPAGON *montrant M. Jacques.*
Pour votre paiement, voilà un homme que je vous donne à pendre.

M. JACQUES.
Hélas ! Comment faut-il donc faire ? On me donne des coups de bâton pour dire vrai ; & on me veut pendre pour mentir.

ANSELME.
Seigneur Harpagon, il faut lui pardonner cette impoſture.

HARPAGON.
Vous payerez donc le Commiſſaire ?

ANSELME.
Soit. Allons vîte faire part de notre joie à votre mere.

HARPAGON.
Et moi, voir ma chere caſſette.

FIN.

GEORGE DANDIN,

OU

LE MARI CONFONDU,

COMÉDIE.

ACTEURS.

GEORGE DANDIN, riche Payſan, Mari d'Angélique.

ANGELIQUE, Femme de George Dandin, & Fille de M. de Sotenville.

MONSIEUR DE SOTENVILLE, Gentilhomme campagnard, Pere d'Angélique.

MADAME DE SOTENVILLE.

CLITANDRE, Amant d'Angélique.

CLAUDINE, Suivante d'Angélique.

LUBIN, Payſan, ſervant Clitandre.

COLIN, Valet de George Dandin.

La Scene eſt devant la Maiſon de George Dandin, à la Campagne.

GEORGE DANDIN

GEORGE DANDIN,
O U
LE MARI CONFONDU,
COMEDIE.

ACTE PREMIER.

SCENE PREMIERE.
GEORGE DANDIN.

AH ! Qu'une femme Demoiselle est une étrange affaire, & que mon mariage est une leçon bien parlante à tous les paysans qui veulent s'élever au-dessus de leur condition, & s'allier, comme j'ai fait, à la maison d'un Gentilhomme ! La noblesse de soi est bonne, c'est une chose considérable, assurément ; mais elle est accompagnée de tant de mauvaises circonstances, qu'il eſt très-bon de ne s'y point frotter. Je ſuis devenu là-deſſus ſçavant à mes dépens, & connois le ſtyle des nobles, lorſqu'ils nous font, nous autres, entrer dans leur famille. L'alliance qu'ils font eſt petite avec nos perſonnes, c'eſt notre bien ſeul qu'ils épouſent; & j'aurois bien mieux fait, tout riche que je ſuis, de m'allier en bonne & franche payſannerie, que de prendre une femme qui ſe tient au-deſſus de moi, s'offenſe de porter mon nom, & penſe qu'avec tout mon bien, je n'ai pas aſſez acheté la qualité de ſon mari. George Dandin, George Dandin, vous avez fait une ſottiſe la plus grande du monde. Ma maiſon m'eſt effroyable maintenant, & je n'y rentre point ſans y trouver quelque chagrin.

SCENE II.

GEORGE DANDIN, LUBIN.

GEORGE DANDIN *à part*, *voyant ſortir Lubin de chez lui.*

Que diantre ce drôle-là vient-il faire chez moi?
LUBIN *à part*, *appercevant George Dandin.*
Voilà un homme qui me regarde.
GEORGE DANDIN *à part.*
Il ne me connoît pas.
LUBIN *à part.*
Il ſe doute de quelque choſe.
GEORGE DANDIN *à part.*
Ouais! Il a grand peine à ſaluer.
LUBIN *à part.*
J'ai peur qu'il n'aille dire qu'il m'a vu ſortir de là-dedans.

COMEDIE.
GEORGE DANDIN.
Bon jour.
LUBIN.
Serviteur.
GEORGE DANDIN.
Vous n'êtes pas d'ici, que je crois ?
LUBIN.
Non, je n'y suis venu que pour voir la fête de demain.
GEORGE DANDIN.
Hé ! dites-moi un peu, s'il vous plaît, vous venez de là-dedans.
LUBIN.
Chut.
GEORGE DANDIN.
Comment ?
LUBIN.
Paix.
GEORGE DANDIN.
Quoi donc ?
LUBIN.
Motus, il ne faut pas dire que vous m'ayez vu sortir de-là.
GEORGE DANDIN.
Pourquoi ?
LUBIN.
Mon Dieu ! parce...
GEORGE DANDIN.
Mais encore.
LUBIN.
Doucement. J'ai peur qu'on ne nous écoute.
GEORGE DANDIN.
Point, point.
LUBIN.
C'est que je viens de parler à la maîtresse du logis de la part d'un certain Monsieur qui lui fait les doux yeux ; & il ne faut pas qu'on sçache cela. Entendez-vous ?

GEORGE DANDIN.
Oui.

LUBIN
Voilà la raison. On m'a chargé de prendre garde que personne ne me vît; & je vous prie, au moins, de ne pas dire que vous m'ayiez vu.

GEORGE DANDIN.
Je n'ai garde.

LUBIN.
Je suis bien-aise de faire les choses secrettement, comme on m'a recommandé.

GEORGE DANDIN.
C'est bien fait.

LUBIN.
Le mari, à ce qu'ils disent, est un jaloux qui ne veut pas qu'on fasse l'amour à sa femme; & il feroit le diable à quatre, si cela venoit à ses oreilles. Vous comprenez bien.

GEORGE DANDIN.
Fort bien.

LUBIN.
Il ne faut pas qu'il sçache rien de tout ceci.

GEORGE DANDIN.
Sans doute.

LUBIN.
On le veut tromper tout doucement. Vous entendez bien?

GEORGE DANDIN.
Le mieux du monde.

LUBIN.
Si vous alliez dire que vous m'avez vu sortir de chez lui, vous gâteriez toute l'affaire. Vous comprenez bien?

GEORGE DANDIN.
Assurément. Hé, comment nommez-vous celui qui vous a envoyé là-dedans?

LUBIN.
C'est le Seigneur de notre pays, Monsieur le Vi-

compte de chofe... Foin, je ne me fouviens jamais comment diantre ils baragouinent ce nom-là, Monfieur Cli... Clitandre.

GEORGE DANDIN.

Eft-ce ce jeune courtifan, qui demeure...

LUBIN.

Oui, auprès de ces arbres.

GEORGE DANDIN *à part.*

C'eft pour cela que depuis peu ce Damoifeau poli s'eft venu loger contre moi; j'avois bon nez fans doute, & fon voifinage déjà m'avoit donné quelque foupçon.

LUBIN.

Teftigué, c'eft le plus honnête-homme que vous ayez jamais vu. Il m'a donné trois pieces d'or pour aller dire feulement à la femme qu'il eft amoureux d'elle, & qu'il fouhaite fort l'honneur de pouvoir lui parler. Voyez s'il y a là une fi grande fatigue pour me payer fi bien; & ce qu'eft, au prix de cela, une journée de travail, où je ne gagne que dix fols.

GEORGE DANDIN.

Hé bien? avez-vous fait votre meffage?

LUBIN.

Oui, j'ai trouvé là-dedans une certaine Claudine, qui, tout du premier coup, a compris ce que je voulois, & qui m'a fait parler à fa maîtreffe.

GEORGE DANDIN *à part.*

Ah, coquine de fervante!

LUBIN.

Morguienne, cette Claudine-là eft tout-à-fait jolie, elle a gagné mon amitié, & il ne tiendra qu'à elle que nous ne foyons mariés enfemble.

GEORGE DANDIN.

Mais quelle réponfe a fait la maîtreffe à ce Monfieur le courtifan?

LUBIN.

Elle m'a dit de lui dire... Attendez, je ne fçais fi je

me souviendrai bien de tout cela, qu'elle lui est tout-à-fait obligée de l'affection qu'il a pour elle, & qu'à cause de son mari qui est fantasque, il garde d'en rien faire paroître ; & qu'il faudra songer à chercher quelque invention pour se pouvoir entretenir tous deux.

GEORGE DANDIN *à part*.

Ah, pendarde de femme !

LUBIN.

Testiguienne, cela sera drôle ; car le mari ne se doutera point de la manigance, voilà ce qui est de bon ; & il aura un pied de nez avec sa jalousie. Est-ce pas ?

GEORGE DANDIN.

Cela est vrai.

LUBIN.

Adieu. Bouche cousue au moins. Gardez bien le secret, afin que le mari ne le sçache pas.

GEORGE DANDIN.

Oui, oui.

LUBIN.

Pour moi, je vais faire semblant de rien. Je suis un fin matois, & l'on ne diroit pas que j'y touche.

SCENE III.

GEORGE, DANDIN *seul*.

HÉ bien, George Dandin, vous voyez de quel air votre femme vous traite. Voilà ce que c'est d'avoir voulu épouser une Demoiselle. L'on vous accommode de toutes pieces, sans que vous puissiez vous venger, & la gentilhommérie vous tient les bras liés. L'égalité de condition laisse du moins à l'honneur d'un mari liberté de ressentiment ; &, si

COMEDIE. 207

c'étoit une paysanne, vous auriez maintenant toutes vos coudées franches à vous en faire la justice à bons coups de bâton. Mais vous avez voulu tâter de la noblesse, & il vous ennuyoit d'être maître chez vous. Ah! J'enrage de tout mon cœur, & je me donnerois volontiers des soufflets. Quoi! Ecouter impudemment l'amour d'un Damoiseau, & y promettre en même-tems de la correspondance! Morbleu, je ne veux point laisser passer une occasion de la sorte. Il me faut de ce pas, aller faire mes plaintes au pere & à la mere; & les rendre témoins, à telle fin que de raison, des sujets de chagrin & de ressentiment que leur fille me donne. Mais les voici l'un & l'autre fort à propos.

SCENE IV.

MONSIEUR DE SOTENVILLE, MADAME DE SOTENVILLE, GEORGE DANDIN.

M. DE SOTENVILLE.

Qu'est-ce, mon gendre? Vous me paroissez tout troublé?

GEORGE DANDIN.

Aussi en ai-je du sujet, &....

Madame DE SOTENVILLE.

Mon Dieu, notre gendre, que vous avez peu de civilité, de ne pas saluer les gens quand vous les approchez!

GEORGE DANDIN.

Ma foi, ma belle-mere, c'est que j'ai d'autres choses en tête; &....

Madame DE SOTENVILLE.

Encore ? Eſt-il poſſible, notre gendre, que vous ſçachiez ſi peu votre monde ; & qu'il n'y ait pas moyen de vous inſtruire de la maniere qu'il faut vivre parmi les perſonnes de qualité ?

GEORGE DANDIN.

Comment ?

Madame DE SOTENVILLE.

Ne vous déferez-vous jamais, avec moi de la familiarité de ce mot de ma belle-mere, & ne ſçauriez-vous vous accoutumer à me dire, Madame ?

GEOCGE DANDIN.

Parbleu, ſi vous m'appellez votre gendre, il me ſemble que je puis vous appeler ma belle-mere.

Madame DE SOTENVILLE.

Il y a fort à dire, & les choſes ne ſont pas égales. Apprenez, s'il vous plaît, que ce n'eſt pas à vous à vous ſervir de ce mot-là avec une perſonne de ma condition ; que tout notre gendre que vous ſoyez, il y a grande différence de vous à nous, & que vous devez vous connoître.

M. DE SOTENVILLE.

C'en eſt aſſez, m'amour, laiſſons cela.

Madame DE SOTENVILLE.

Mon Dieu ! Monſieur de Sotenville, vous avez des indulgences qui n'appartiennent qu'à vous, & vous ne ſçavez pas vous faire rendre, par les gens, ce qui vous eſt dû.

M. DE SOTENVILLE.

Corbleu, pardonnez-moi, on ne peut point me faire de leçons là-deſſus, & j'ai ſçu montrer en ma vie par vingt actions de vigueur, que je ne ſuis point homme à démordre jamais d'une partie de mes prétentions ; mais il ſuffit de lui avoir donné un petit avertiſſement. Sçachons un peu, mon gendre, ce que vous avez dans l'eſprit.

COMEDIE.

GEORGE DANDIN.
Puisqu'il faut donc parler cathégoriquement, je vous dirai, Monsieur de Sotenville, que j'ai lieu de...

M. DE SOSENVILLE.
Doucement, mon gendre. Apprenez qu'il n'est pas respectueux d'appeller les gens par leur nom, & qu'à ceux qui sont au dessus de nous, il faut dire, Monsieur, tout court.

GEORGE DANDIN.
Hé bien, Monsieur tout court, & non plus Monsieur de Sotenville, j'ai à vous dire que ma femme me donne...

M. DE SOTENVILLE.
Tout beau. Apprenez aussi que vous ne devez pas dire ma femme, quand vous parlez de notre fille.

GEORGE DANDIN.
J'enrage. Comment! Ma femme n'est pas ma femme?

Madame DE SOTTEVILLE.
Oui, notre gendre, elle est votre femme ; mais il ne vous est pas permis de l'appeller ainsi, & c'est tout ce que vous pourriez faire, si vous aviez épousé une de vos pareilles.

GEORGE DANDIN *a part.*
Ah! George Dandin, où t'es-tu fouré?
(*Haut.*)
Hé, de grace, mettez pour un moment, votre gentilhommerie à côté, & souffrez que je vous parle
(*à part.*)
maintenant comme je pourrai. Au diantre soit la
(*à M. de Sotenville.*)
tyrannie de toutes ces histoires-là. Je vous dis donc que je suis mal satisfait de mon mariage.

M. DE SOTENVILLE.
Et la raison, mon gendre?

Madame DE SOTENVILLE.
Quoi! Parler ainsi d'une chose dont vous avez tiré de si grands avantages!

GEORGE DANDIN.

Et quels avantages, Madame, puisque Madame y a ; L'aventure n'a pas été si mauvaise pour vous ; car, sans moi, vos affaires, avec votre permission, étoient fort délabrées, & mon argent a servi à reboucher d'assez bons trous ; mais, moi, de quoi ai-je profité, je vous prie, que d'un allongement de nom, & au lieu de George Dandin, d'avoir reçu par vous le titre de Monsieur de la Dandiniere ?

M. DE SOTENVILLE.

Ne comptez-vous pour rien, mon gendre, l'avantage d'être allié à la maison de Sotenville ?

Madame DE SOTENVILLE.

Et à celle de la Prudotterie, dont j'ai l'honneur d'être issue, maison où le ventre ennoblit, & qui, par ce beau privilége, rendra vos enfans gentilshommes ?

GEORGE DANDIN.

Oui, voilà qui est bien, mes enfans seront gentilshommes, mais je ferai cocu, moi, si l'on n'y met ordre.

M. DE SOTENVILLE.

Que veut dire cela, mon gendre ?

GEORGE DANDIN.

Cela veut dire que votre fille ne vit pas comme il faut qu'une femme vive, & qu'elle fait des choses qui sont contre l'honneur.

Madame DE SOTENVILLE.

Tout beau. Prenez garde à ce que vous dites. Ma fille est d'une race trop pleine de vertu, pour se porter jamais à faire aucune chose dont l'honnêteté soit blessée ; &, de la maison de la Prudoterie, il y a plus de trois cens ans qu'on n'a point remarqué qu'il y ait eu une femme, Dieu merci, qui ait fait parler d'elle.

M. DE SOTENVILLE.

Corbleu, dans la maison de Sotenville, on n'a jamais vu de coquette ; & la bravoure n'y est pas

COMEDIE.

plus héréditaire aux mâles que la chasteté aux femelles.

Madame DE SOTENVILLE.
Nous avons eu une Jacqueline de la Prudoterie, qui ne voulut jamais être la maîtresse d'un Duc & Pair, Gouverneur de notre Province.

M. DE SOTENVILLE.
Il y a eu une Mathurine de Sotenville, qui refusa vingt mille écus d'un favori du Roi, qui ne lui demandoit seulement que la faveur de lui parler.

GEORGE DANDIN.
Oh bien, votre fille n'est pas si difficile que cela; & elle s'est apprivoisée depuis qu'elle est chez moi.

M. DE SOTENVILLE.
Expliquez-vous, mon gendre. Nous ne sommes point gens à la supporter dans de mauvaises actions; & nous serons les premiers, sa mere & moi, à vous en faire la justice.

Madame DE SOTENVILLE.
Nous n'entendons point raillerie sur les matieres de l'honneur, & nous l'avons élevée dans toute la sévérité possible.

GEORGE DANDIN.
Tout ce que je vous puis dire, c'est qu'il y a ici un certain courtisan que vous avez vu, qui est amoureux d'elle à ma barbe; & qui lui a fait faire des protestations d'amour, qu'elle a très-humainement écoutées.

Madame DE SOTENVILLE.
Jour de Dieu, je l'étranglerois de mes propres mains, s'il falloit qu'elle forlignât de l'honnêteté de sa mere.

M. DE SOTENVILLE.
Corbleu; je lui passerois mon épée au travers du corps, à elle & au galant, si elle avoit forfait à son honneur.

GEORGE DANDIN.
Je vous ai dit ce qui se passe, pour vous faire mes

plaintes ; & je vous demande raison de cette affaire-là.

M. DE SOTENVILLE.

Ne vous tourmentez point, je vous la ferai de tous deux ; & je suis homme pour serrer le bouton à qui que ce puisse être. Mais êtes-vous bien sûr aussi de ce que vous dites ?

GEORGE DANDIN.

Très-sûr.

M. DE SOTENVILLE.

Prenez bien garde au moins ; car, entre gentilshommes, ce sont des choses chatouilleuses, & il n'est pas question d'aller faire ici un pas de clerc.

GEORGE DANDIN.

Je ne vous ai rien dit, vous dis-je, qui ne soit véritable.

M. DE SOTENVILLE.

M'amour, allez-vous en parler à votre fille, tandis qu'avec mon gendre j'irai parler à l'homme.

Madame DE SOTENVILLE.

Se pourroit-il, mon fils, qu'elle s'oubliât de la sorte, après le sage exemple que vous sçavez vous-même que je lui ai donné ?

M. DE SOTENVILLE.

Nous allons éclaircir l'affaire. Suivez-moi, mon gendre, & ne vous mettez pas en peine. Vous verrez de quel bois nous nous chauffons, lorsqu'on s'attaque à ceux qui nous peuvent appartenir.

GEORGE DANDIN.

Le voici qui vient vers nous.

COMEDIE.

SCENE V.
MONSIEUR DE SOTENVILLE, CLITANDRE, GEORGE DANDIN.

M. DE SOTENVILLE.

Monsieur, suis-je connu de vous ?

CLITANDRE.
Non pas, que je sçache, Monsieur.

M. DE SOTENVILLE.
Je m'appelle le Baron de Sotenville.

CLITANDRE.
Je m'en réjouis fort.

M. DE SOTENVILLE.
Mon nom est connu à la Cour ; & j'eus l'honneur, dans ma jeunesse, de me signaler, des premiers, à l'arriere ban de Nancy.

CLITANDRE.
A la bonne heure.

M. DE SOTENVILLE.
Monsieur mon pere, Jean-Gilles de Sotenville, eut la gloire d'assister, en personne, au grand siege de Montauban.

CLITANDRE.
J'en suis ravi.

M. DE SOTENVILLE.
Et j'ai eu un ayeul, Bertrand de Sotenville, qui fut si consideré, en son tems, que d'avoir permission de vendre tout son bien pour le voyage d'outre-mer.

CLITANDRE.
Je le veux croire.

M. DE SOTENVILLE.
Il m'a été rapporté, Monsieur, que vous aimez & poursuivez une jeune personne, qui est ma fille,
 (*montrant George Dandin.*)
pour laquelle je m'intéresse, & pour l'homme que

vous voyez, qui a l'honneur d'être mon gendre.
CLITANDRE.
Qui ? Moi ?
M. DE SOTENVILLE.
Oui ; je suis bien aise de vous parler, pour tirer de vous, s'il vous plaît, un éclaircissement de cette affaire.
CLITANDRE.
Voilà une étrange médisance ! Qui vous a dit cela, Monsieur ?
M. DE SOTENVILLE.
Quelqu'un qui croit le bien sçavoir.
CLITANDRE.
Ce quelqu'un-là en a menti. Je suis honnête-homme. Me croyez-vous capable, Monsieur, d'une action aussi lâche que celle-là ? Moi, aimer une jeune & belle personne, qui a l'honneur d'être la fille de Monsieur le Baron de Sotenville ! Je vous révère trop pour cela, & je suis trop votre serviteur. Quiconque vous l'a dit est un sot.
M. DE SOTENVILLE.
Allons, mon gendre.
GEORGE DANDIN.
Quoi ?
CLITANDRE.
C'est un coquin & un maraud.
M. DE SOTENVILLE *à George Dandin.*
Répondez.
GEORGE DANDIN.
Répondez vous-même.
CLITANDRE.
Si je sçavois qui ce peut être, je lui donnerois, en votre présence, de l'épée dans le ventre.
M. DE SOTENVILLE *à George Dandin.*
Soutenez donc la chose.
GEORGE DANDIN.
Elle est toute soutenue. Cela est vrai.

CLITANDRE.

Eft-ce votre gendre, Monfieur, qui....

M. DE SOTENVILLE.

Oui, c'eft lui-même qui s'en eft plaint à moi.

CLITANDRE.

Certes, il peut remercier l'avantage qu'il a de vous appartenir; &, fans cela, je lui apprendrois bien à tenir de pareils difcours d'une perfonne comme moi.

SCENE VI.

MONSIEUR DE SOTENVILLE, MADAME DE SOTENVILLE, ANGÉLIQUE, CLITANDRE, GEORGE DANDIN, CLAUDINE.

Madame DE SOTENVILLE.

Pour ce qui eft de cela, la jaloufie eft une étrange chofe ! J'amene ici ma fille pour éclaircir l'affaire en préfence de tout le monde.

CLITANDRE à *Angélique*.

Eft-ce donc vous, Madame, qui avez dit à votre mari, que je fuis amoureux de vous?

ANGELIQUE.

Moi ? Hé, comment lui aurois-je dit ? Eft-ce que cela eft ? Je voudrois bien le voir, vraiment, que vous fuffiez amoureux de moi. Jouez-vous-y, je vous en prie, vous trouverez à qui parler; c'eft une chofe que je vous confeille de faire. Ayez recours, pour voir, à tous les détours des amans, effayez un peu, par plaifir, à m'envoyer des ambaffades, à m'écrire fecretement de petits billets doux, à épier les momens que mon mari n'y fera pas, ou le tems que je fortirai, pour me parler de votre amour ; vous n'avez qu'à y venir, je vous promets que vous ferez reçu comme il faut.

CLITANDRE.

Hé, là, là, Madame, tout doucement. Il n'eſt pas néceſſaire de me faire tant de leçons, & de vous tant ſcandaliſer. Qui vous dit que je ſonge à vous aimer ?

ANGELIQUE.

Que ſçais-je, moi, ce qu'on me vient conter ici ?

CLITANDRE.

On dira ce que l'on voudra ; mais vous ſçavez ſi je vous ai parlé d'amour, lorſque je vous ai rencontrée.

ANGELIQUE.

Vous n'aviez qu'à le faire, vous auriez été bien venu.

CLITANDRE.

Je vous aſſure qu'avec moi vous n'avez rien à craindre, que je ne ſuis point homme à donner du chagrin aux belles ; & que je vous reſpecte trop, & vous & Meſſieurs vos parens, pour avoir la penſée d'être amoureux de vous.

Madame DE SOTENVILLE *à George Dandin.*
Hé bien, vous le voyez.

M. DE SOTENVILLE.

Vous voilà ſatisfait, mon gendre. Que dites-vous à cela ?

GEORGE DANDIN.

Je dis que ce ſont-là des contes à dormir debout, que je ſçais bien ce que je ſçais ; & que tantôt, puiſqu'il faut parler net, elle a reçu une ambaſſade de ſa part.

ANGELIQUE.

Moi ? J'ai reçu une ambaſſade ?

CLITANDRE.

J'ai envoyé une ambaſſade ?

ANGELIQUE.

COMEDIE.

ANGÉLIQUE.

Claudine.

CLITANDRE à *Angélique.*

Eſt-il vrai ?

CLAUDINE.

Par ma foi, voilà une étrange fauſſeté.

GEORGE DANDIN.

Taiſez-vous, carogne que vous êtes, je ſcais de vos nouvelles ; & c'eſt vous qui, tantôt avez introduit le courier.

CLAUDINE.

Qui ? Moi ?

GEORGE DANDIN.

Oui, vous. Ne faites point tant la ſucrée.

CLAUDINE.

Hélas ! Que le monde aujourd'hui eſt rempli de méchanceté, de m'aller ſoupçonner ainſi, moi, qui ſuis l'innocence même !

GEORGE DANDIN.

Taiſez-vous, bonne piece. Vous faites la ſournoiſe, mais je vous connois il y a long-tems ; & vous êtes une deſſalée.

CLAUDINE à *Angélique.*

Madame, eſt-ce que...

GEORGE DANDIN.

Taiſez-vous, vous dis-je, vous pourriez bien porter la folle enchére de tous les autres, & vous n'avez point de pere gentilhomme.

ANGELIQUE.

C'eſt une impoſture ſi grande, & qui me touche ſi fort au cœur, que je ne puis pas même avoir la force d'y répondre. Cela eſt bien horrible, d'être accuſée par un mari, lorſqu'on ne lui fait rien qui ne ſoit à faire. Hélas ! Si je ſuis blâmable de quelque choſe, c'eſt d'en uſer trop bien avec lui.

CLAUDINE.

Aſſurément.

Tome V. K

ANGÉLIQUE.

Tout mon malheur est de le trop considérer; & plût au Ciel que je fusse capable de souffrir, comme il dit, les galanteries de quelqu'un, je ne serois pas tant à plaindre ! Adieu, je me retire ; je ne puis plus endurer qu'on m'outrage de cette sorte.

SCENE VII.

MONSIEUR DE SOTENVILLE, MADAME DE SOTENVILLE, CLITANDRE, GEORGE DANDIN, CLAUDINE.

Madame DE SOTENVILLE *à George Dandin.*

Allez, vous ne méritez pas l'honnête femme qu'on vous a donnée.

CLAUDINE.

Par ma foi, il mériteroit, qu'elle lui fît dire vrai ; &, si j'étois en sa place, je n'y marchanderois pas.

(*à Clitandre.*)

Oui, Monsieur, vous devez, pour le punir, faire l'amour à ma maîtresse. Poussez, c'est moi qui vous le dis, ce sera bien employé ; & je m'offre à vous y servir, puisqu'il m'en a déjà taxée.

(*Claudine sort.*)

M. DE SOTENVILLE.

Vous méritez, mon gendre, qu'on vous dise ces choses-là, & votre procédé met tout le monde contre vous.

Madame DE SOTENVILLE.

Allez, songez à mieux traiter une Demoiselle bien née ; & prenez garde désormais à ne plus faire de pareilles bévues.

GEORGE DANDIN *à part.*

J'enrage de bon cœur d'avoir tort, lorsque j'ai raison.

COMEDIE.

SCENE VIII.
MONSIEUR DE SOTENVILLE CLITANDRE, GEORGE DANDIN.

CLITANDRE à *M. de Sotenville.*

Monsieur, vous voyez comme j'ai été faussement accusé, vous êtes homme qui sçavez les maximes du point d'honneur ; & je vous demande raison de l'affront qui m'a été fait.

M. DE SOTENVILLE.
Cela est juste, & c'est l'ordre des procédés. Allons, mon gendre, faites satisfaction à Monsieur.

GEORGE DANDIN.
Comment, satisfaction ?

M. DE SOTENVILLE.
Oui, cela se doit dans les regles, pour l'avoir à tort accusé.

GEORGE DANDIN.
C'est une chose, moi, dont je ne demeure pas d'accord, de l'avoir à tort accusé ; & je sçais bien ce que j'en pense.

M. DE SOTENVILLE.
Il n'importe. Quelque pensée qui vous puisse rester, il a nié, c'est satisfaire les personnes, & l'on n'a nul droit de se plaindre de tout homme qui se dédit.

GEORGE DANDIN.
Si bien donc que si je le trouvois couché avec ma femme, il en seroit quitte pour se dédire.

M. DE SOTENVILLE.
Point de raisonnement. Faites-lui les excuses que je vous dis.

GEORGE DANDIN.
Moi ? Je lui ferai encore des excuses après....

GEORGE DANDIN,

M. DE SOTENVILLE.
Allons, vous dis-je, il n'y a rien à balancer, & vous n'avez que faire d'avoir peur d'en trop faire, puisque c'est moi qui vous conduis.

GEORGE DANDIN.
Je ne sçaurois...

M. DE SOTENVILLE.
Corbleu, mon gendre, ne m'échauffez pas la bile, je me mettrois avec lui contre vous. Allons, laissez-vous gouverner par moi.

GEORGE DANDIN *à part.*
Ah, George Dandin !

M. DE SOTENVILLE.
Votre bonnet à la main, le premier ; Monsieur est Gentilhomme, & vous ne l'êtes pas.

GEORGE DANDIN *à part, le bonnet à la main.*
J'enrage.

M. DE SOTENVILLE.
Répétez après moi, Monsieur,

GEORGE DANDIN.
Monsieur,

M. DE SOTENVILLE.
Je vous demande pardon.
(*Voyant que George Dandin fait difficulté de lui obéir.*)
Ah !

GEORGE DANDIN.
Je vous demande pardon.

M. DE SOTENVILLE.
Des mauvaises pensées que j'ai eues de vous ;

GEORGE DANDIN.
Des mauvaises pensées que j'ai eues de vous ;

M. DE SOTENVILLE.
C'est que je n'avois pas l'honneur de vous connoître,

GEORGE DANDIN.
C'est que je n'avois pas l'honneur de vous connoître.

M. DE SOTENVILLE.
Et je vous prie de croire.

COMÉDIE.

GEORGE DANDIN.
Et je vous prie de croire?

M. DE SOTENVILLE.
Que je suis votre serviteur.

GEORGE DANDIN.
Voulez-vous que je sois serviteur d'un homme qui me veut faire cocu?

M. DE SOTENVILLE *le menaçant encore*.
Ah!

CLITANDRE.
Il suffit, Monsieur.

M. DE SOTENVILLE.
Non, je veux qu'il acheve, & que tout aille dans les formes. Que je suis votre serviteur.

GEORGE DANDIN.
Que je suis votre serviteur.

CLITANDRE *à George Dandin*.
Monsieur, je suis le vôtre de tout mon cœur, & je ne songe plus à ce qui s'est passé.
(*à M. de Sotenville.*)
Pour vous, Monsieur, je vous donne le bon jour, & suis fâché du petit chagrin que vous avez eu.

M. DE SOTENVILLE.
Je vous baise les mains; &, quand il vous plaira, je vous donnerai le divertissement de courre un lievre.

CLITANDRE.
C'est trop de graces que vous me faites.
(*Clitandre sort.*)

M. DE SOTENVILLE.
Voilà, mon gendre, comme il faut pousser les choses. Adieu. Sçachez que vous êtes entré dans une famille qui vous donnera de l'appui, & ne souffrira point que l'on vous fasse aucun affront.

SCENE IX.

GEORGE DANDIN *seul.*

AH! Que je... Vous l'avez voulu, vous l'avez voulu, George Dandin, vous l'avez voulu ; cela vous sied fort bien, & vous voilà ajusté comme il faut, vous avez justement ce que vous méritez. Allons. Il s'agit seulement de désabuser le pere & la mere ; & je pourrai trouver, peut-être, quelque moyen d'y réussir.

Fin du premier Acte.

ACTE II.

SCENE PREMIERE.
CLAUDINE, LUBIN.

CLAUDINE.

Oui, j'ai bien deviné qu'il falloit que cela vînt de toi, & que tu l'eusses dit à quelqu'un qui l'ait rapporté à notre maître.

LUBIN.
Par ma foi, je n'en ai touché qu'un petit mot en passant à un homme, afin qu'il ne dit point qu'il m'avoit vu sortir ; & il faut que les gens, en ce pays-ci, soient de grands babillards.

CLAUDINE
Vraiment, ce Monsieur le Vicomte a bien choisi son monde, que de te prendre pour son ambassadeur ; & il s'est allé servir-là d'un homme bien chanceux.

LUBIN.
Va, une autre fois, je serai plus fin ; & je prendrai mieux garde à moi.

CLAUDINE.
Oui, oui, il sera tems.

LUBIN.
Ne parlons plus de cela. Ecoute.

CLAUDINE.
Que veux-tu que j'écoute ?

LUBIN.
Tourne un peu ton visage devers moi.

CLAUDINE.
Hé bien, qu'est-ce ?

LUBIN.
Claudine.

CLAUDINE.
Quoi ?

LUBIN.
Hé, là, ne sçais-tu pas bien ce que je veux dire !

CLAUDINE.
Non.

LUBIN.
Morgué, je t'aime.

CLAUDINE.
Tout de bon ?

LUBIN.
Oui le diable m'emporte ; tu me peux croire, puisque j'en jure.

CLAUDINE.
A la bonne heure.

LUBIN.
Je me sens tout tribouiller le cœur quand je te regarde.

CLAUDINE.
Je m'en réjouis.

LUBIN.
Comment est-ce que tu fais pour être si jolie ?

CLAUDINE.
Je fais comme font les autres.

LUBIN.
Vois-tu, il ne faut point tant de beurre pour faire un quarteron. Si tu veux, tu seras ma femme, je serai ton mari, & nous ferons tous deux mari & femme.

CLAUDINE.
Tu serois peut-être jaloux comme notre maître.

LUBIN.
Point.

CLAUDINE.
Pour moi, je hais les maris soupçonneux, & j'en veux un qui ne s'épouvante de rien, un si plein de

COMEDIE.

confiance, & si sûr de ma chasteté, qu'il me vit, sans inquiétude, au milieu de trente hommes.

LUBIN.
Hé bien, je ferai tout comme cela.

CLAUDINE.
C'est la plus sotte chose du monde que de se défier d'une femme, & de la tourmenter. La vérité de l'affaire est qu'on n'y gagne rien de bon, cela nous fait songer à mal ; & ce sont souvent les maris, qui, avec leurs vacarmes, se font eux-mêmes ce qu'ils sont.

LUBIN.
Hé bien, je te donnerai la liberté de faire tout ce qu'il te plaira.

CLAUDINE.
Voilà comme il faut faire pour n'être point trompé. Lorsqu'un mari se met à notre discrétion, nous ne prenons de liberté que ce qu'il nous en faut ; & il en est, comme avec ceux qui nous ouvrent leur bourse, & nous disent, prenez. Nous en usons honnêtement ; & nous nous contentons de la raison. Mais ceux qui nous chicanent, nous nous efforçons de les tondre, & nous ne les épargnons point.

LUBIN.
Va, je serai de ceux qui ouvrent leur bourse, & tu n'as qu'à te marier avec moi.

CLAUDINE.
Hé bien, nous verrons.

LUBIN.
Vien donc ici, Claudine.

CLAUDINE.
Que veux-tu ?

LUBIN.
Vien, te dis-je.

CLAUDINE.
Ah ! Doucement. Je n'aime pas les patineurs.

LUBIN.

Hé ! Un petit brin d'amitié.

CLAUDINE.

Laisse-moi-là, te dis-je, je n'entends pas raillerie.

LUBIN.

Claudine.

CLAUDINE *repoussant Lubin*.

Hai !

LUBIN.

Ah ! Que tu es rude à pauvres gens ! Fi, que cela est malhonnête de refuser les personnes ! N'as-tu point de honte d'être belle, & de ne vouloir pas qu'on te caresse ? Hé, là.

CLAUDINE.

Je te donnerai sur le nez.

LUBIN.

Oh ! La farouche ! La sauvage ! Fi, pouas, la vilaine qui est cruelle.

CLAUDINE.

Tu t'émancipes trop.

LUBIN.

Qu'est-ce que cela te coûteroit de me laisser faire ?

CLAUDINE.

Il faut que tu te donnes patience.

LUBIN.

Un petit baiser seulement, en rabattant sur notre mariage.

CLAUDINE.

Je suis votre servante.

LUBIN.

Claudine, je t'en prie, sur l'& tant moins.

CLAUDINE.

Hé, que nenni ! J'y ai déjà été attrapée. Adieu. Va-t-en, & dis à Monsieur le Vicomte que j'aurai soin de rendre son billet.

LUBIN.

Adieu, beauté rudaniere.

COMEDIE. 227

CLAUDINE.

Le mot eft amoureux.

LUBIN.

Adieu, rocher, caillou, pierre de taille, & tout ce qu'il y a de plus dur au monde.

CLAUDINE *feule*.

Je vais remettre aux mains de ma maîtreffe.... Mais la voici avec fon mari, éloignons-nous; & attendons qu'elle foit feule.

SCENE II.

GEORGE DANDIN, ANGELIQUE.

GEORGE DANDIN.

NOn, non, on ne m'abufe point avec tant de facilité, & je ne fuis que trop certain que le rapport que l'on m'a fait eft véritable. J'ai de meilleurs yeux qu'on ne penfe, & votre galimathias ne m'a point tantôt ébloui.

SCENE III.

CLITANDRE, ANGELIQUE, GEORGE DANDIN.

CLITANDRE *à part dans le fond du Théatre*.

AH! Là voilà; mais le mari eft avec elle.

GEORGE DANDIN *fans voir Clitandre*.

Au travers de toutes vos grimaces, j'ai vu la vérité de ce que l'on m'a dit, & le peu de refpect que vous avez pour le nœud qui nous joint.

K 6

(*Clitandre & Angelique se saluent.*)
Mon Dieu! Laissez-là votre révérence; ce n'est pas de ces sortes de respects dont je vous parle, & vous n'avez que faire de vous moquer.

ANGELIQUE.

Moi, me moquer? En aucune façon.

GEORGE DANDIN.

Je sçais votre pensée, & connois...

(*Clitandre & Angélique se saluent encore.*)
Encore; Ah! Ne raillons pas davantage. Je n'ignore pas qu'à cause de votre noblesse, vous me tenez fort au-dessous de vous; & le respect que je vous veux dire, ne regarde point ma personne. J'entends parler de celui que vous devez à des nœuds aussi vénérables que le sont ceux du mariage.

(*Angelique fait signe à Clitandre.*)
Il ne faut point lever les épaules, & je ne dis point de sottises.

ANGELIQUE.

Qui songe à lever les épaules?

GEORGE DANDIN.

Mon Dieu! Nous voyons clair. Je vous dis encore une fois que le mariage est une chaîne, à laquelle on doit porter toute sorte de respect; & que c'est fort mal fait à vous d'en user comme vous faites.

(*Angelique fait signe de la tête à Clitandre.*)
Oui, oui, mal fait à vous, & vous n'avez que faire de hocher la tête, & de me faire la grimace.

ANGELIQUE.

Moi? Je ne sçais ce que vous voulez dire.

GEORGE DANDIN.

Je le sçais fort bien, moi; & vos mépris me sont connus. Si je ne suis pas né noble, au moins suis-je d'une race où il n'y a point de reproche; & la famille des Dandins....

CLITANDRE *derriere Angélique, sans être apperçu de George Dandin.*

Un moment d'entretien.

COMEDIE, 229
GEORGE DANDIN *sans voir Clitandre.*
Hé ?
ANGELIQUE.
Quoi ? Je ne dis mot.
(*George Dandin tourne autour de sa femme, & Clitandre se retire, en faisant une grande révérence à George Dandin.*)

SCENE IV.

GEORGE DANDIN, ANGELIQUE.

GEORGE DANDIN.

LE voilà qui vient roder autour de vous.
ANGELIQUE.
Hé bien ? Est-ce ma faute ? Que voulez-vous que j'y fasse ?
GEORGE DANDIN.
Je veux que vous y fassiez ce que fait une femme qui ne veut plaire qu'à son mari. Quoi qu'on en puisse dire, les galans n'obsédent jamais que quand on le veut bien ; il y a un certain air doucereux qui les attire, ainsi que le miel fait les mouches ; & les honnêtes femmes ont des manieres qui les sçavent chasser d'abord.
ANGELIQUE.
Moi, les chasser ? Et par quelle raison ? Je ne me scandalise point qu'on me trouve bien faite, & cela me fait du plaisir.
GEORGE DANDIN.
Oui ? Mais quel personnage voulez-vous que joue un mari pendant cette galanterie ?
ANGELIQUE.
Le personnage d'un honnête homme, qui est bien aise de voir sa femme considérée.

GEORGE DANDIN.

Je suis votre valet. Ce n'est pas-là mon compte, & les Dandins ne sont point accoûtumés à cette mode-là.

ANGELIQUE.

Oh, les Dandins s'y accoûtumeront, s'ils veulent ; car, pour moi, je vous déclare que mon dessein, n'est pas de renoncer au monde, & de m'enterrer toute vive dans un mari. Comment ? Parce qu'un homme s'avise de nous épouser, il faut d'abord que toutes choses soient finies pour nous, & que nous rompions tout commerce avec les vivans ? C'est une chose merveilleuse que cette tyrannie de Messieurs les maris, & je les trouve bons de vouloir qu'on soit morte à tous les divertissemens, & qu'on ne vive que pour eux. Je me moque de cela, & ne veux point mourir si jeune.

GEORGE DANDIN.

C'est ainsi que vous satisfaites aux engagemens de la foi que vous m'avez donnée publiquement ?

ANGELIQUE

Moi ? Je ne vous l'ai point donnée de bon cœur, & vous me l'avez arrachée. M'avez-vous, avant le mariage, demandé mon consentement, & si je voulois bien de vous ? Vous n'avez consulté pour cela que mon pere & ma mere, ce sont eux, proprement, qui vous ont épousé, & c'est pourquoi vous ferez bien de vous plaindre toujours à eux des torts que l'on pourra vous faire. Pour moi qui ne vous ai point dit de vous marier avec moi, & que vous avez prise sans consulter mes sentimens, je prétends n'être point obligée à me soumettre en esclave à vos volontés ; & je veux jouir, s'il vous plaît, de quelque nombre de beaux jours, que m'offre la jeunesse, prendre les douces libertés que l'âge me permet, voir un peu le beau monde ; & goûter le plaisir de m'ouir dire des douceurs. Préparez-vous-y pour votre punition ; &

COMEDIE. 231

rendez graces au Ciel de ce que je ne suis pas capable de quelque chose de pis.

GEORGE DANDIN.

Oui? c'est ainsi que vous le prenez? je suis votre mari, & je vous dis que je n'entends pas cela.

ANGELIQUE.

Moi, je suis votre femme, & je vous dis que je l'entends.

GEORGE DANDIN *à part*.

Il me prend des tentations d'accommoder tout son visage à la compote, & le mettre en état de ne plaire de sa vie aux diseurs de fleurettes. Ah! allons, George Dandin; je ne pourrois me retenir, & il vaut mieux quitter la place.

SCENE V.

ANGELIQUE, CLAUDINE.

CLAUDINE.

J'Avois, Madame, impatience qu'il s'en allât pour vous rendre ce mot de la part que vous sçavez.

ANGELIQUE.

Voyons.

CLAUDINE (*à part.*)

A ce que je puis remarquer, ce qu'on lui écrit ne lui déplaît pas trop.

ANGELIQUE.

Ah! Claudine, que ce billet s'explique d'une façon galante! que, dans tous leurs discours, & dans toutes leurs actions, les gens de Cour ont un air agréable! & qu'est-ce que c'est, auprès d'eux, que nos gens de Province?

CLAUDINE.

Je crois qu'après les avoir vus, les Dandins ne vous plaisent guéres.

GEORGE DANDIN,
ANGELIQUE.
Demeure ici, je m'en vais faire la réponse.
CLAUDINE seule.
Je n'ai pas besoin, que je pense, de lui recommander de la faire agréable. Mais voici....

SCENE VI.
CLITANDRE, LUBIN, CLAUDINE.
CLAUDINE.
Vraiment, Monsieur, vous avez pris là un habile messager.
CLITANDRE.
Je n'ai pas osé envoyer de mes gens ; mais, ma pauvre Claudine, il faut que je te récompense des bons offices que je sçais que tu m'as rendus.
(*Il fouille dans sa poche.*)
CLAUDINE.
Hé ! Monsieur, il n'est pas nécessaire. Non, Monsieur, vous n'avez que faire de vous donner cette peine-là ; & je vous rends service, parce que vous le méritez, & que je me sens au cœur de l'inclination pour vous.

CLITANDRE *donnant de l'argent à Claudine.*
Je te suis obligé.
LUBIN *à Claudine.*
Puisque nous serons mariés, donne-moi cela que je le mette avec le mien.
CLAUDINE.
Je te le garde aussi-bien que le baiser.
CLITANDRE *à Claudine.*
Dis-moi, as-tu rendu mon billet à ta belle maîtresse ?
CLAUDINE.
Oui. Elle est allée y répondre.
CLITANDRE.
Mais, Claudine, n'y a-t-il pas moyen que je la puisse entretenir.

COMEDIE. 233
CLAUDINE.
Oui, venez avec moi, je vous ferai parler à elle.
CLITANDRE.
Mais le trouvera-t-elle bon, & n'y a-t-il rien à risquer ?
CLAUDINE.
Non, non. Son mari n'est pas au logis; &, puis, ce n'est pas lui qu'elle a le plus à ménager; c'est son pere & sa mere; & pourvu qu'ils soient prévenus, tout le reste n'est pas à craindre.
CLITANDRE.
Je m'abandonne à ta conduite.
LUBIN *seul*.
Testiguenne, que j'aurai là une habile femme ! Elle a de l'esprit comme quatre.

SCENE VII.
GEORGE DANDIN, LUBIN.
GEORGE DANDIN *bas à part*.
Voici mon homme de tantôt. Plût au Ciel qu'il pût se résoudre à vouloir rendre témoignage au pere & à la mere de ce qu'ils ne veulent point croire.
LUBIN.
Ah ! Vous voilà Monsieur le Babillard, à qui j'avois tant recommandé de ne point parler, & qui me l'aviez tant promis. Vous êtes donc un causeur, & vous allez redire ce que l'on vous dit en secret.
GEORGE DANDIN.
Moi ?
LUBIN.
Oui. Vous avez été tout rapporter au mari, & vous êtes cause qu'il a fait du vacarme. Je suis bien aise de sçavoir que vous avez de la langue, & cela m'apprendra à ne vous plus rien dire.

GEORGE DANDIN.

Ecoute, mon ami.

LUBIN.

Si vous n'aviez point babillé, je vous aurois conté ce qui se passe à cette heure ; mais, pour votre punition, vous ne sçauriez rien du tout.

GEORGE DANDIN.

Comment ? qu'est-ce qui se passe ?

LUBIN.

Rien, rien. Voilà ce que c'est d'avoir causé; vous n'en tâterez plus, & je vous laisse sur la bonne bouche.

GEORGE DANDIN.

Arrête un peu.

LUBIN.

Point.

GEORGE DANDIN.

Je ne te veux dire qu'un mot.

LUBIN.

Nennin, nennin. Vous avez envie de me tirer les vers du nez.

GEORGE DANDIN.

Non, ce n'est pas cela.

LUBIN.

Hé, quelque sot. Je vous vois venir.

GEORGE DANDIN.

C'est autre chose. Ecoute.

LUBIN.

Point d'affaire. Vous voudriez que je vous disse que Monsieur le Vicomte vient de donner de l'argent à Claudine, & qu'elle l'a mené chez sa maîtresse. Mais je ne suis pas si bête.

GEORGE DANDIN.

De grace...

LUBIN.

Non.

GEORGE DANDIN.

Je te donnerai....

LUBIN.

Tarare.

SCENE VIII.
GEORGE DANDIN *seul.*

JE n'ai pu me servir avec cet innocent, de la pensée que j'avois. Mais le nouvel avis qui lui est échappé feroit la même chose; &, si le galant est chez moi, ce seroit pour avoir raison aux yeux du pere & de la mere, & les convaincre pleinement de l'effronterie de leur fille. Le mal de tout ceci, c'est que je ne sçais comment faire pour profiter de cet avis. Si je rentre chez moi, je ferai évader le drole; &, quelque chose que je puisse voir, moi-même, de mon deshonneur, je n'en serai point crû à mon serment, & l'on me dira que je rêve. Si, d'autre part, je vais querir beau-pere & belle-mere, sans être sûr de trouver chez moi le galant, ce sera la même chose; & je retomberai dans l'inconvénient de tantôt. Pourrois-je point m'éclaircir doucement, s'il y est encore? ah Ciel! il n'en faut plus douter,

(*Après avoir été regarder par le trou de la serrure.*)

& je viens de l'appercevoir par le trou de la porte. Le sort me donne ici de quoi confondre ma partie; &, pour achever l'aventure, il fait venir, à point nommé, les Juges dont j'avois besoin.

SCENE IX.

M. DE SOTENVILLE, MADAME DE SOTENVILLE, GEORGE DANDIN.

GEORGE DANDIN.

Enfin, vous ne m'avez pas voulu croire tantôt, & votre fille l'a emporté sur moi ; mais j'ai en main de quoi vous faire voir comme elle m'accommode ; &, Dieu merci, mon deshonneur est si clair maintenant, que vous n'en pourrez plus douter.

M. DE SOTENVILLE.
Comment, mon Gendre, vous en êtes encore là-dessus ?

GEORGE DANDIN.
Oui, j'y suis ; & jamais je n'eus tant de sujet d'y être.

Madame DE SOTENVILLE.
Vous nous venez encore étourdir la tête ?

GEORGE DANDIN.
Oui, Madame ; & l'on fait bien pis à la mienne.

M. DE SOTENVILLE.
Ne vous lassez-vous-point de vous rendre importun ?

GEORGE DANDIN.
Non. Mais je me lasse fort d'être pris pour dupe.

Madame DE SOTENVILLE.
Ne voulez-vous point vous défaire de vos pensées extravagantes ?

GEORGE DANDIN.
Non, Madame ; mais je voudrois bien me défaire d'une femme qui me deshonore.

Madame DE SOTENVILLE.
Jour de Dieu, notre Gendre, apprenez à parler.

COMEDIE.

M. DE SOTENVILLE.
Corbleu, cherchez des termes moins offenfans que ceux-là.

GEORGE DANDIN.
Marchand qui perd, ne peut rire.

Madame DE SOTENVILLE.
Souvenez-vous que vous avez époufé une Demoifelle.

GEORGE DANDIN.
Je m'en fouviens affez, & ne m'en fouviendrai que trop.

M. DE SOTENVILLE.
Si vous vous en fouvenez, fongez donc à parler d'elle avec plus de refpect.

GEORGE DANDIN.
Mais que ne fonge-t-elle plutôt à me traiter plus honnêtement? Quoi? Parce qu'elle eft Demoifelle, il faut qu'elle ait la liberté de me faire ce qui lui plaît, fans que j'ofe fouffler?

M. DE SOTENVILLE.
Qu'avez-vous donc, & que pouvez-vous dire? N'avez-vous pas vu ce matin qu'elle s'eft défendue de connoître celui dont vous m'étiez venu parler?

GEORGE DANDIN.
Oui. Mais, vous, que pourrez-vous dire, fi je vous fais voir maintenant que le galant eft avec elle?

Madame DE SOTENVILLE.
Avec elle?

GEORGE DANDIN.
Oui, avec elle, & dans ma maifon.

M. DE SOTENVILLE.
Dans votre maifon?

GEORGE DANDIN.
Oui, dans ma propre maifon.

Madame DE SOTENVILLE.
Si cela eft, nous ferons pour vous contr'elle.

M. DE SOTENVILLE.
Oui. L'honneur de notre famille nous eft plus cher

que toute chose; & si vous dites vrai, nous la renoncerons pour notre sang, & l'abandonnerons à votre colere.
GEORGE DANDIN.
Vous n'avez qu'à me suivre.
Madame DE SOTENVILLE.
Gardez de vous tromper.
M. DE SOTENVILLE.
N'allez pas faire comme tantôt.
GEORGE DANDIN.
Mon Dieu! Vous allez voir. (*montrant Clitandre qui sort avec Angélique.*) Tenez. Ai-je menti?

SCENE X.
ANGELIQUE, CLITANDRE, CLAUDINE, M. DE SOTENVILLE & MADAME DE SOTENVILLE *avec* GEORGE DANDIN, *dans le fond du Théatre.*

ANGELIQUE à *Clitandre*.
A Dieu. J'ai peur qu'on vous surprenne ici; & j'ai quelques mesures à garder.
CLITANDRE.
Promettez-moi donc, Madame, que je pourrai vous parler cette nuit.
ANGELIQUE.
J'y ferai mes efforts.
GEORGE DANDIN à *M. & à Madame de Sotenville.*
Approchons doucement par derriere, & tâchons de n'être point vû.
CLAUDINE.
Ah! Madame, tout est perdu. Voilà votre pere & votre mere accompagnés de votre mari.

COMEDIE.
CLITANDRE.
Ah, Ciel!

ANGELIQUE *bas à Clitandre & à Claudine.*
Ne faites pas semblant de rien, & me laissez faire tous deux. (*haut à Clitandre.*) Quoi ! Vous osez en user de la sorte, après l'affaire de tantôt, & c'est ainsi que vous dissimulez vos sentimens ? On me vient rapporter que vous avez de l'amour pour moi, & que vous faites des desseins de me solliciter, j'en témoigne mon dépit, & m'explique à vous clairement en présence de tout le monde ; vous niez hautement la chose, & me donnez parole de n'avoir aucune pensée de m'offenser, & cependant, le même jour ; vous prenez la hardiesse de venir chez moi me rendre visite, de me dire que vous m'aimez, & de me faire cent sots contes, pour me persuader de répondre à vos extravagances, comme si j'étois femme à violer la foi que j'ai donnée à mon mari, & m'éloigner jamais de la vertu que mes parens m'ont enseignée ? Si mon pere sçavoit cela, il vous apprendroit bien à tenter de ces entreprises ; mais une honnête femme n'aime point les éclats, je (*après avoir fait signe à Claudine d'apporter un bâton.*)
n'ai garde de lui en rien dire ; & je veux vous montrer, que toute femme que je suis, j'ai assez de courage pour me venger moi-même des offenses que l'on me fait. L'action que vous avez faite n'est pas d'un gentilhomme ; & ce n'est pas en gentilhomme aussi que je veux vous traiter.

(*Angélique prend le bâton, & le leve sur Clitandre, qui se range de façon que les coups tombent sur George Dandin.*)

CLITANDRE *criant comme s'il avoit été frappé.*
Ah, ah, ah, ah, ah ! Doucement.

SCENE XI.

M. DE SOTENVILLE, MADAME DE SOTENVILLE, ANGELIQUE, GEORGE DANDIN, CLAUDINE.

CLAUDINE.

Fort, Madame, frappez comme il faut.
ANGELIQUE *faisant semblant de parler à Clitandre.*
S'il vous demeure quelque chose sur le cœur, je suis pour vous répondre.
CLAUDINE.
Apprenez à qui vous vous jouez.
ANGELIQUE *faisant l'étonnée.*
Ah, mon pere, vous êtes-là?
M. DE SOTENVILLE.
Oui, ma fille; & je vois qu'en sagesse & en courage tu te montres un digne rejetton de la maison de Sotenville. Vien-çà, approche-toi que je t'embrasse.
Madame DE SOTENVILLE.
Embrasse-moi aussi, ma fille. Las! Je pleure de joie, & reconnois mon sang aux choses que tu viens de faire.
M. DE SOTENVILLE.
Mon Gendre, que vous devez être ravi, & que cette aventure est pour vous pleine de douceurs! Vous aviez un juste sujet de vous allarmer, mais vos soupçons se trouvent dissipés le plus avantageusement du monde.
Madame DE SOTENVILLE.
Sans doute, notre Gendre, vous devez maintenant être le plus content des hommes.
CLAUDINE.

COMEDIE.

CLAUDINE.

Assurément. Voilà une femme celle-là, vous êtes trop heureux de l'avoir ; & vous devriez baiser les pas par où elle passe.

GEORGE DANDIN *à part.*

Hé, traîtresse !

M. DE SOTENVILLE.

Qu'est-ce, mon gendre ? Que ne remerciez-vous un peu votre femme de l'amitié que vous voyez qu'elle montre pour vous ?

ANGELIQUE.

Non, non, mon pere, il n'est pas nécessaire. Il ne m'a aucune obligation de ce qu'il vient de voir ; & tout ce que j'en fais, n'est que pour l'amour de moi-même.

M. DE SOTENVILLE.

Où allez-vous, ma fille ?

ANGELIQUE.

Je me retire, mon pere, pour ne me point voir obligée à recevoir ses complimens.

CLAUDINE *à George Dandin.*

Elle a raison d'être en colere. C'est une femme qui mérite d'être adorée, & vous ne la traitez pas comme vous devriez.

GEORGE DANDIN *à part.*

Scélérate !

SCENE XII.

M. DE SOTENVILLE, MADAME DE SOTENVILLE, GEORGE DANDIN.

M. DE SOTENVILLE.

C'Est un petit ressentiment de l'affaire de tantôt, & cela se passera avec un peu de caresse que vous lui ferez. Adieu mon gendre, vous voilà en état de

Tome V.   L

ne vous plus inquiéter. Allez-vous-en faire la paix ensemble, & tâchez de l'appaiser par des excuses de votre emportement.

Madame DE SOTENVILLE.
Vous devez considérer que c'est une jeune fille élevée à la vertu, & qui n'est point accoutumée à se voir soupçonner d'aucune vilaine action. Adieu. Je suis ravie de voir vos désordres finis, & des transports de joie que vous doit donner sa conduite.

SCENE XIII.

GEORGE DANDIN *seul.*

JE ne dis mot; car je ne gagnerois rien à parler. Jamais il ne s'est rien vu d'égal à ma disgrace. Oui, j'admire mon malheur, & la subtile adresse de ma carogne de femme pour se donner toujours raison, & me faire avoir tort. Est-il possible que toujours j'aurai du dessous avec elle, que les apparences toujours tourneront contre moi, & que je ne parviendrai point à convaincre mon effrontée ? O Ciel, seconde mes desseins, & m'accorde la grace de faire voir aux gens que l'on me deshonore.

Fin du second Acte.

ACTE III.

SCENE PREMIERE.
CLITANDRE, LUBIN.

CLITANDRE.

LA nuit est avancée, j'ai peur qu'il ne soit trop tard. Je ne vois point à me conduire, Lubin.

LUBIN.
Monsieur.

CLITANDRE.
Est-ce par ici?

LUBIN.
Je pense que oui. Morgué, voilà une sotte nuit d'être si noire que cela.

CLITANDRE.
Elle a tort assurément; mais, si d'un côté elle nous empêche de voir, elle empêche de l'autre que nous ne soyons vus.

LUBIN.
Vous avez raison, elle n'a pas tant de tort. Je voudrois bien sçavoir, Monsieur, vous qui êtes sçavant, pourquoi il ne fait point jour la nuit.

CLITANDRE.
C'est une grande question, & qui est difficile. Tu es curieux, Lubin?

LUBIN.
Oui. Si j'avois étudié, j'aurois été songer à des choses où on n'a jamais songé.

CLITANDRE.
Je le crois. Tu as la mine d'avoir l'esprit subtil & pénétrant.

GEORGE DANDIN,

LUBIN.

Cela est vrai. Tenez. J'explique du Latin, quoique jamais je ne l'aie appris ; &, voyant l'autre jour écrit sur une grande porte, *Collegium*, je devinai que cela vouloit dire College.

CLITANDRE.

Cela est admirable ! Tu sçais donc lire, Lubin ?

LUBIN.

Oui, je sçai lire la lettre moulée ; mais je n'ai jamais sçu apprendre à lire l'écriture.

CLITANDRE.

(après avoir frappé dans ses mains.)

Nous voici contre la maison. C'est le signal que m'a donné Claudine.

LUBIN.

Par ma foi, c'est une fille qui vaut de l'argent ; & je l'aime de tout mon cœur.

CLITANDRE.

Aussi t'ai-je amené avec moi pour l'entretenir.

LUBIN.

Monsieur, je vous suis.

CLITANDRE.

Chut. J'entends quelque bruit.

SCENE II.

ANGÉLIQUE, CLAUDINE, CLITANDRE, LUBIN.

ANGÉLIQUE.

Claudine.

CLAUDINE.

Hé bien ?

ANGELIQUE.

Laisse la porte entr'ouverte.

COMÉDIE.

CLAUDINE.
Voilà qui est fait.
(*Scene de nuit. Les Acteurs se cherchent les uns les autres dans l'obscurité.*)

CLITANDRE à Lubin.
Ce sont-elles St.

ANGELIQUE.
St.

LUBIN.
St.

CLAUDINE.
St.

CLITANDRE à Claudine qu'il prend pour Angélique.
Madame.

ANGELIQUE à Lubin qu'elle prend pour Clitandre.
Quoi ?

LUBIN à Angélique, qu'il prend pour Claudine.
Claudine.

CLAUDINE à Clitandre, qu'elle prend pour Lubin.
Qu'est-ce ?

CLITANDRE à Claudine, croyant parler à Angélique.
Ah ! Madame, que j'ai de joie.

LUBIN à Angélique, croyant parler à Claudine.
Claudine, ma pauvre Claudine.

CLAUDINE à Clitandre.
Doucement, Monsieur.

ANGELIQUE à Lubin.
Tout beau, Lubin.

CLITANDRE.
Est-ce toi, Claudine ?

CLAUDINE.
Oui.

LUBIN.
Est-ce vous, Madame ?

ANGELIQUE.
Oui.

CLAUDINE à Clitandre.
Vous avez pris l'une pour l'autre.

LUBIN à Angélique.
Ma foi, la nuit on n'y voit goutte.

ANGELIQUE.
Est-ce pas vous, Clitandre ?

CLITANDRE.
Oui, Madame.

ANGELIQUE.
Mon mari ronfle comme il faut, & j'ai pris ce tems pour nous entretenir ici.

CLITANDRE.
Cherchons quelque lieu pour nous asseoir.

CLAUDINE.
C'est fort bien avisé.

(Angélique, Clitandre, & Claudine vont s'asseoir dans le fond du Théatre.)

LUBIN cherchant Claudine.
Claudine, où est-ce que tu es ?

SCENE III.

ANGELIQUE, CLITANDRE, & CLAUDINE, *assis au fond du Théatre*, GEORGE DANDIN, *à moitié deshabillé*, LUBIN.

GEORGE DANDIN à part.

J'Ai entendu descendre ma femme, & je me suis vîte habillé pour descendre après elle. Où peut-elle être allée ? Seroit-elle sortie ?

LUBIN *cherchant toujours Claudine.*
(prenant George Dandin pour Claudine)
Où es-tu donc, Claudine ? Ah ! te voilà. Par ma

COMÉDIE.

foi, ton maître est plaisamment attrapé, & je trouve ceci aussi drôle que les coups de bâton de tantôt, dont on m'a fait récit. Ta maîtresse dit qu'il ronfle à cette heure, comme tous les diantres; & il ne sçait pas que Monsieur le Vicomte & elle sont ensemble pendant qu'il dort. Je voudrois bien sçavoir quel songe il fait maintenant. Cela est tout-à-fait risible. De quoi s'avise-t-il aussi d'être jaloux de sa femme, & de vouloir qu'elle soit à lui tout seul? C'est un impertinent, & Monsieur le Vicomte lui fait trop d'honneur. Tu ne dis mot, Claudine. Allons, suivons-les, & me donne ta petite menotte que je la baise. Ah, que cela est doux! Il me semble que je mange des confitures.

(*à George Dandin, qu'il prend toujours pour Claudine, & qui le repousse rudement.*)

Tu-dieu, comme vous y allez? Voilà une petite menotte qui est un peu bien rude.

GEORGE DANDIN.
Qui va là?

LUBIN.
Personne.

GEORGE DANDIN.
Il fuit, & me laisse informé de la nouvelle perfidie de ma coquine. Allons, il faut que, sans tarder, j'envoie appeller son pere & sa mere, & que cette aventure me serve à me faire séparer d'elle. Holà, Colin, Colin.

SCENE IV.

ANGELIQUE & CLITANDRE, *avec* **CLAUDINE & LUBIN,** *affis au fond du Théatre,* **GEORGE DANDIN, COLIN.**

COLIN *à la fenêtre.*

Monfieur.

GEORGE DANDIN.

Allons, vîte ici-bas.

COLIN *fautant par la fenêtre.*

M'y voilà, on ne peut pas plus vîte.

GEORGE DANDIN.

Tu es-là ?

COLIN.

Oui, Monfieur.

(*Pendant que George Dandin va chercher Colin du côté où il a entendu fa voix, Colin paffe de l'autre & s'endort.*)

GEORGE DANDIN *fe tournant du côté où il croit qu'eft Colin.*

Doucement. Parle bas. Ecoute. Va-t-en chez mon beau-pere, & ma belle-mere, & dis que je les prie très-inftamment de venir tout-à-l'heure ici. Entends-tu ? Hé ? Colin, Colin.

COLIN *de l'autre côté, fe réveillant.*

Monfieur.

GEORGE DANDIN.

Où diable, es-tu ?

COLIN.

Ici.

GEORGE DANDIN.

Pefte foit du maroufle, qui s'éloigne de moi.

(*Pendant que George Dandin retourne du côté où il croit que Colin est resté, Colin, à moitié endormi, passe de l'autre, & se rendort.*)

Je te dis que tu aille de ce pas trouver mon beau-pere, & ma belle-mere, & leur dire que je les conjure de se rendre ici tout-à-l'heure. M'entends-tu bien? Réponds. Colin, Colin.

COLIN *de l'autre côté, se réveillant.*

Monsieur.

GEORGE DANDIN.

Voilà un pendard qui me fera enrager. Viens-t-en à moi.

(*Ils se rencontrent, & tombent tous deux.*)

Ah, le traître! Il m'a estropié. Où est-ce que tu es? Approche que je te donne mille coups. Je pense qu'il me fuit.

COLIN.

Assurément.

GEORGE DANDIN.

Veux-tu venir?

COLIN.

Nenni, ma foi.

GEORGE DANDIN.

Viens, te dis-je.

COLIN.

Point. Vous me voulez battre.

GEORGE DANDIN.

Hé bien, non. Je ne te ferai rien.

COLIN.

Assurément?

GEORGE DANDIN.

(*à Colin qu'il tient par le bras.*)

Oui. Approche. Bon. Tu es bienheureux de ce que j'ai besoin de toi. Va-t-en vîte, de ma part, prier mon beau-pere & ma belle-mere, de se rendre ici le plutôt qu'ils pourront, & leur dis que c'est pour une affaire de la derniere conséquence; &, s'ils faisoient quelque difficulté, à cause de l'heure, ne

L 5

manque pas de les presser, & de leur bien faire entendre qu'il est très-important qu'ils viennent, en quelque état qu'ils soient. Tu m'entends bien maintenant.

COLIN.

Oui, Monsieur.

GEORGE DANDIN.
(se croyant seul.)

Va vîte, & reviens de même. Et moi, je vais rentrer dans ma maison, attendant que...... Mais j'entends quelqu'un. Ne seroit-ce point ma femme ! Il faut que j'écoute, & me serve de l'obscurité qu'il fait.

(*George Dandin se range près la porte de sa maison.*)

SCENE V.
ANGELIQUE, CLITANDRE, CLAUDINE, LUBIN, GEORGE DANDIN.

ANGELIQUE à *Clitandre*.

A Dieu. Il est tems de se retirer.

CLITANDRE.

Quoi ! Si-tôt ?

ANGELIQUE.

Nous nous sommes assez entretenus.

CLITANDRE.

Ah ! Madame, puis-je assez vous entretenir, & trouver, en si peu de tems, toutes les paroles dont j'ai besoin ? Il me faudroit des journées entieres pour me bien expliquer à vous de tout ce que je sens ; & je ne vous ai pas dit encore la moindre partie de ce que j'ai à vous dire.

ANGELIQUE.

Nous en écouterons une autre fois davantage.

COMEDIE.

CLITANDRE.

Hélas ! De quel coup me percez-vous l'ame, lorsque vous me parlez de vous retirer, & avec combien de chagrin m'allez-vous laisser maintenant !

ANGELIQUE.

Nous trouverons moyen de nous revoir.

CLITANDRE.

Oui ; mais je songe qu'en me quittant, vous allez trouver un mari. Cette pensée m'assassine, & les priviléges qu'ont les maris, sont des choses cruelles pour un amant qui aime bien.

ANGELIQUE.

Serez-vous assez foible pour avoir cette inquiétude, & pensez-vous qu'on soit capable d'aimer de certains maris qu'il y a ? On les prend parce qu'on ne s'en peut défendre, & que l'on dépend de parens, qui n'ont des yeux que pour le bien ; mais on sçait leur rendre justice, & l'on se moque fort de les considérer au-delà de ce qu'ils méritent.

GEORGE DANDIN *à part.*

Voilà nos carognes de femmes.

CLITANDRE.

Ah ! Qu'il faut avouer que celui qu'on vous a donné étoit peu digne de l'honneur qu'il a reçu, & que c'est une étrange chose que l'assemblage qu'on a fait, d'une personne comme vous, avec un homme comme lui !

GEORGE DANDIN *à part.*

Pauvres maris ! Voilà comme on vous traite.

CLITANDRE.

Vous méritez, sans doute, une toute autre destinée, & le Ciel ne vous a point faite pour être la femme d'un Paysan.

GEORGE DANDIN.

Plût au Ciel, fût-elle la tienne ! Tu changerois bien de langage. Rentrons, c'en est assez.

(George Dandin étant rentré, ferme la porte en dedans.)

SCENE VI.
ANGELIQUE, CLITANDRE, CLAUDINE, LUBIN.

CLAUDINE.

Madame, si vous avez du mal à dire de votre mari, dépêchez vite, car il est tard.
CLITANDRE.
Ah, Claudine, que tu es cruelle !
ANGELIQUE à *Clitandre*.
Elle a raison. Séparons-nous.
CLITANDRE.
Il faut donc s'y résoudre, puisque vous le voulez. Mais, au moins, je vous conjure de me plaindre un peu, des méchans momens que je vais passer.
ANGELIQUE.
Adieu.
LUBIN.
Où es-tu, Claudine, que je te donne le bon soir ?
CLAUDINE.
Va, va, je le reçois de loin, & je t'en renvoie autant.

SCENE VII.
ANGELIQUE, CLAUDINE.
ANGELIQUE.
Rentrons sans faire de bruit.
CLAUDINE.
La porte s'est fermée.
ANGELIQUE.
J'ai le passe-par-tout.

COMEDIE.
CLAUDINE.
Ouvrez donc doucement.
ANGELIQUE.
On a fermé en dedans, & je ne fçais comment nous ferons.
CLAUDINE.
Appellez le garçon qui couche-là.
ANGELIQUE.
Colin, Colin, Colin.

SCENE VIII.
GEORGE DANDIN, ANGELIQUE, CLAUDINE.

GEORGE DANDIN *à la fenêtre*.

Colin, Colin ? Ah, je vous y prends donc, Madame ma femme ; & vous faites des *efcampativos* pendant que je dors. Je suis bien aise de cela, & de vous voir dehors à l'heure qu'il est.
ANGELIQUE.
Hé bien ? quel grand mal est-ce qu'il y a à prendre le frais de la nuit ?
GEORGE DANDIN.
Oui, oui. L'heure est bonne à prendre le frais. C'est bien plutôt le chaud, Madame la coquine, & nous fçavons toute l'intrigue du rendez-vous, & du Damoiseau. Nous avons entendu votre galant entretien, & les beaux vers à ma louange que vous avez dits l'un & l'autre. Mais ma consolation, c'est que je vais être vengé ; & que votre pere & votre mere feront convaincus maintenant de la justice de mes plaintes, & du déréglement de votre conduite. Je les ai envoyé querir, & ils vont être ici dans un moment.

GEORGE DANDIN,

ANGELIQUE *à part*.

Ah, ciel!

CLAUDINE.

Madame.

GEORGE DANDIN.

Voilà un coup, fans doute, où vous ne vous attendiez pas. C'eſt maintenant que je triomphe, & j'ai de quoi mettre à bas votre orgueil, & détruire vos artifices. Juſques ici vous avez joué mes accuſations, ébloui vos parens, & plâtré vos malverſations. J'ai eu beau voir & beau dire, votre adreſſe toujours l'a emporté ſur mon bon droit, & toujours vous avez trouvé moyen d'avoir raiſon ; mais à cette fois, Dieu merci, les choſes vont être éclaircies, & votre effronterie ſera pleinement confondue.

ANGELIQUE.

Hé, je vous prie, faites-moi ouvrir la porte.

GEORGE DANDIN.

Non, non, il faut attendre la venue de ceux que j'ai mandés, & je veux qu'ils vous trouvent dehors à la belle heure qu'il eſt. En attendant qu'ils viennent, ſongez, ſi vous voulez, à chercher dans votre tête quelque nouveau détour pour vous tirer de cette affaire, à inventer quelque moyen de rhabiller votre eſcapade ; à trouver quelque belle ruſe pour éluder ici les gens & paroître innocente, quelque prétexte ſpécieux de pélerinage nocturne, ou d'amie en travail d'enfant que vous venez de ſecourir.

ANGELIQUE.

Non. Mon intention n'eſt pas de vous rien déguiſer. Je ne prétends point me défendre, ni vous nier les choſes, puiſque vous les ſcavez.

GEORGE DANDIN.

C'eſt que vous voyez bien que tous les moyens vous en ſont fermés ; & que, dans cette affaire, vous ne ſçauriez inventer d'excuſe, qu'il ne me ſoit facile de convaincre de fauſſeté.

COMÉDIE.

ANGELIQUE.
Oui, je confesse que j'ai tort, & que vous avez sujet de vous plaindre. Mais je vous demande, par grace, de ne m'exposer point maintenant à la mauvaise humeur de mes parens, & de me faire promptement ouvrir.

GEORGE DANDIN.
Je vous baise les mains.

ANGELIQUE.
Hé, mon pauvre petit mari, je vous en conjure.

GEORGE DANDIN.
Hé, mon pauvre petit mari? Je suis votre petit mari, maintenant, parce que vous vous sentez prise. Je suis bien-aise de cela, & vous ne vous étiez jamais avisée de me dire ces douceurs.

ANGELIQUE.
Tenez, je vous promets de ne vous plus donner aucun sujet de déplaisir, & de me...

GEORGE DANDIN.
Tout cela n'est rien. Je ne veux point perdre cette aventure; & il m'importe qu'on soit une fois éclairci à fond de vos déportemens.

ANGELIQUE.
De grace, laissez-moi vous dire. Je vous demande un moment d'audience.

GEORGE DANDIN.
Hé bien, quoi?

ANGELIQUE.
Il est vrai que j'ai failli, je vous l'avoue encore une fois, que votre ressentiment est juste, que j'ai pris le tems de sortir pendant que vous dormiez; & que cette sortie est un rendez-vous que j'avois donné à la personne que vous dites. Mais enfin ce sont des actions que vous devez pardonner à mon âge, des emportemens de jeune personne qui n'a encore rien vu, & ne fait que d'entrer au monde; des libertés, où l'on s'abandonne, sans y penser de mal, & qui, sans doute, dans le fond, n'ont rien de...

GEORGE DANDIN.

Oui, vous le dites, & ce sont de ces choses qui ont besoin qu'on les croie pieusement.

ANGELIQUE

Je ne veux point m'excuser par-là d'être coupable envers vous, & je vous prie seulement d'oublier une offense dont je vous demande pardon de tout mon cœur, & de m'épargner, en cette rencontre, le déplaisir que me pourroient causer les reproches fâcheux de mon pere & de ma mere. Si vous m'accordez généreusement la grace que je vous demande, ce procédé obligeant, cette bonté que vous me ferez voir, me gagnera entièrement, elle touchera tout-à-fait mon cœur, & y fera naître pour vous ce que tout le pouvoir de mes parens, & les liens du mariage n'avoient pu y jetter. En un mot, elle sera cause que je renoncerai à toutes les galanteries, & n'aurai de l'attachement que pour vous. Oui, je vous donne ma parole que vous m'allez voir désormais la meilleure femme du monde; & que je vous témoignerai tant d'amitié, tant d'amitié, que vous en serez satisfait.

GEORGE DANDIN.

Ah, crocodile, qui flatte les gens pour les étrangler.

ANGELIQUE.

Accordez-moi cette faveur?

GEORGE DANDIN.

Point d'affaires. Je suis inexorable.

ANGELIQUE.

Montrez-vous généreux?

GEORGE DANDIN.

Non.

ANGELIQUE,

De grace?

GEORGE DANDIN,

Point.

COMEDIE.
ANGELIQUE.

Je vous en conjure de tout mon cœur?

GEORGE DANDIN.

Non, non, non. Je veux qu'on foit détrompé de vous, & que votre confufion éclate.

ANGELIQUE.

Hé bien, fi vous me réduifez au défefpoir, je vous avertis qu'une femme en cet état eft capable de tout, & que je ferai quelque chofe ici dont vous vous repentirez.

GEORGE DANDIN.

Et que ferez-vous, s'il vous plaît?

ANGELIQUE.

Mon cœur fe portera jufqu'aux extrêmes réfolutions; &, de ce coûteau que voici, je me tuerai fur la place.

GEORGE DANDIN.

Ah, ah! à la bonne heure.

ANGELIQUE.

Pas tant à la bonne heure pour vous que vous vous imaginez. On fçait de tous côtés nos différends & les chagrins perpétuels que vous concevez contre moi; Lorfqu'on me trouvera morte, il n'y aura perfonne qui mette en doute que ce ne foit vous qui m'aurez tuée, & mes parens ne font pas gens, affurément, à laiffer cette mort impunie, & ils en feront, fur votre perfonne, toute la punition que leur pourront offrir, & les pourfuires de la juftice, & la chaleur de leur reffentiment. C'eft par-là que je trouverai moyen de me venger de vous, & je ne fuis pas la premiere qui ait fçu recourir à de pareilles vengeances, qui n'ait pas fait difficulté de fe donner la mort, pour perdre ceux qui ont la cruauté de nous pouffer à la derniere extrémité.

GEORGE DANDIN.

Je fuis votre valet, on ne s'avife plus de fe tuer foi-même; & la mode en eft paffée il y a long-tems.

ANGELIQUE.

C'est une chose dont vous pouvez vous tenir sûr ; & si vous persistez dans votre refus, si vous ne me faites ouvrir, je vous jure que, tout-à-l'heure, je vais vous faire voir jusques où peut aller la résolution d'une personne qu'on met au désespoir.

GEORGE DANDIN.

Bagatelles, bagatelles, c'est pour me faire peur.

ANGELIQUE.

Hé bien, puisqu'il le faut, voici qui nous contentera tous deux, & montrera si je me moque.

(*Après avoir fait semblant de se tuer.*)

Ah, c'en est fait. Fasse le Ciel que ma mort soit vengée comme je le souhaite, & que celui qui en est la cause, reçoive un juste châtiment de la dureté qu'il a eue pour moi !

GEORGE DANDIN.

Ouais ! seroit-elle bien si malicieuse, que de s'être tuée pour me faire pendre ? Prenons un bout de chandelle pour aller voir.

SCENE IX.

ANGELIQUE, CLAUDINE.

ANGELIQUE à *Claudine.*

ST. Paix. Rangeons-nous chacune immédiatement contre un des côtés de la porte.

COMEDIE. 259

SCENE X.

ANGELIQUE & CLAUDINE *entrant dans la maison, au moment que George Dandin en sort, & fermant la porte en dedans* GEORGE DANDIN *une chandelle à la main.*

GEORGE DANDIN.

La méchanceté d'une femme iroit-elle bien jusques-là?

(*seul après avoir regardé par-tout.*)

Il n'y a personne. Hé, je m'en étois bien douté, & la pendarde s'est retirée, voyant qu'elle ne gagnoit rien après moi, ni par prieres, ni par menaces. Tant mieux, cela rendra ses affaires encore plus mauvaises; & le pere & la mere qui vont venir, en verront mieux son crime.

(*après avoir été à la porte de sa maison pour rentrer.*)

Ah, ah! la porte s'est fermée. Holà, oh, quelqu'un qu'on m'ouvre promptement.

SCENE XI.

ANGELIQUE & CLAUDINE *à la fenêtre*, GEORGE DANDIN.

ANGELIQUE.

Comment! c'est toi? d'où viens-tu, bon pendard? est-il l'heure de revenir chez soi, quand le jour est prêt de paroître, & cette maniere de vivre est-elle celle que doit suivre un honnête mari?

CLAUDINE.

Cela est-il beau, d'aller ivrogner toute la nuit, & de laisser ainsi toute seule une pauvre jeune femme dans la maison?

GEORGE DANDIN.

Comment! vous avez....

ANGELIQUE.

Va, va, traître, je suis lasse de tes déportemens, & je veux m'en plaindre, sans plus tarder à mon pere & à ma mere.

GEORGE DANDIN.

Quoi! c'est ainsi que vous osez....

SCENE XII.

M. DE SOTENVILLE, & MADAME DE SOTENVILLE, *en deshabillé de nuit*, COLIN, *portant une lanterne*, ANGELIQUE & CLAUDINE *à la fenêtre*, GEORGE DANDIN.

ANGELIQUE *à M. & à Madame de Sotenville.*

Approchez, de grace, & venez me faire raison de l'insolence la plus grande du monde, d'un mari a qui le vin & la jalousie ont troublé de telle sorte la cervelle, qu'il ne sçait plus ni ce qu'il dit, ni ce qu'il fait; & vous a lui-même envoyé querir pour vous faire témoins de l'extravagance la plus étrange dont on ait jamais ouï parler. Le voilà qui revient, comme vous voyez, après s'être fait attendre toute la nuit; &, si vous voulez l'écouter, il vous dira qu'il a les plus grandes plaintes du monde à vous faire de moi, que, durant qu'il dormoit je me suis dérobée d'auprès de lui pour m'en aller

COMEDIE. 261

courir, & cent autres contes de même nature qu'il est allé rêver.

GEORGE DANDIN à part.
Voilà une méchante carogne.

CLAUDINE.
Oui, il nous a voulu faire accroire qu'il étoit dans la maison, & que nous étions dehors; & c'est une folie qu'il n'y a pas moyen de lui ôter de la tête.

M. DE SOTENVILLE.
Comment! qu'est-ce à dire cela?

Madame DE SOTENVILLE.
Voilà une furieuse impudence, que de nous envoyer querir.

GEORGE DANDIN.
Jamais....

ANGELIQUE.
Non, mon pere, je ne puis plus souffrir un mari de la sorte, ma patience est poussée à bout; & il vient de me dire cent paroles injurieuses.

M. DE SOTENVILLE à George Dandin.
Corbleu, vous êtes un mal-honnête homme.

CLAUDINE.
C'est une conscience de voir une pauvre jeune femme traitée de la façon, & cela crie vengeance au Ciel.

GEORGE DANDIN.
Peut-on....

M. DE SOTENVILLE.
Allez, vous dévriez mourir de honte.

GEORGE DANDIN.
Laissez-moi vous dire deux mots.

ANGELIQUE.
Vous n'avez qu'à l'écouter, il va vous en conter de belles.

GEORGE DANDIN à part.
Je désespere.

CLAUDINE.
Il a tant bu, que je ne pense pas qu'on puisse durer

contre lui ; l'odeur du vin qu'il fouffle eſt montée juſqu'à nous.

GEORGE DANDIN.
Monſieur mon beau-pere, je vous conjure....

M. DE SOTENVILLE.
Retirez-vous, vous puez le vin à pleine bouche.

GEORGE DANDIN.
Madame, je vous prie....

Madame DE SOTENVILLE.
Fi, ne m'approchez pas, votre haleine eſt empeſtée.

GEORGE DANDIN à *M. de Sotenville.*
Souffrez que je vous...

M. DE SOTENVILLE.
Retirez-vous, vous dis-je, on ne peut vous fouffrir.

GEORGE DANDIN à *Madame de Sotenville.*
Permettez-moi de grace, que....

Madame DE SOTENVILLE.
Pouas, vous m'engloutiſſez le cœur. Parlez de loin ſi vous voulez.

GEORGE DANDIN.
Hé bien, oui, je parle de loin. Je vous jure que je n'ai bougé de chez moi, & que c'eſt elle qui eſt ſortie.

ANGELIQUE.
Ne voilà pas ce que je vous ai dit?

CLAUDINE.
Vous voyez quelle apparence il y a.

M. DE SOTENVILLE.
Allez, vous vous moquez des gens. Deſcendez, ma fille, & venez ici.

SCENE XIII.

M. DE SOTENVILLE, MADAME DE SOTENVILLE, GEORGE DANDIN, COLIN.

GEORGE DANDIN.

J'Attefte le Ciel, que j'étois dans la maifon, & que.....
M. DE SOTENVILLE.
Taifez-vous, c'eft une extravagance qui n'eft pas fupportable.
GEORGE DANDIN.
Que la foudre m'écrafe tout-à-l'heure, fi....
M. DE SOTENVILLE.
Ne nous rompez pas davantage, la tête; fongez à demander pardon à votre femme.
GEORGE DANDIN.
Moi, demander pardon ?
M. DE SOTENVILLE.
Oui, pardon ; & fur le champ.
GEORGE DANDIN.
Quoi ! je....
M. DE SOTENVILLE.
Corbleu, fi vous me repliquez, je vous apprendrai ce que c'eft que de vous jouer à nous.
GEORGE DANDIN.
Ah, George Dandin !

SCENE XIV.

M. DE SOTENVILLE, MADAME DE SOTENVILLE, ANGELIQUE, GEORGE DANDIN, CLAUDINE, COLIN.

M. DE SOTENVILLE.

Allons, venez, ma fille, que votre mari vous demande pardon.

ANGELIQUE.

Moi, Lui pardonner tout ce qu'il m'a dit? non, non, mon pere, il m'eſt impoſſible de m'y réſoudre ; & je vous prie de me ſéparer d'un mari avec lequel je ne ſçaurois plus vivre.

CLAUDINE.

Le moyen d'y réſiſter ?

M. DE SOTENVILLE.

Ma fille, de ſemblables ſéparations ne ſe font point ſans grand ſcandale ; & vous devez vous montrer plus ſage que lui, & patienter encore cette fois.

ANGELIQUE.

Comment patienter après de telles indignités? non, mon pere, c'eſt une choſe où je ne puis conſentir.

M. DE SOTENVILLE.

Il le faut, ma fille, & c'eſt moi qui vous le commande.

ANGELIQUE.

Ce mot me ferme la bouche ; & vous avez ſur moi une puiſſance abſolue.

CLAUDINE.

Quelle douceur !

ANGELIQUE.

Il eſt fâcheux d'être contrainte d'oublier de telles
injures ;

COMEDIE.

injures ; mais, quelque violence que je me fasse, c'est à moi de vous obéir.

CLAUDINE.
Pauvre mouton !

M. DE SOTENVILLE à *Angélique*.
Approchez.

ANGELIQUE.
Tout ce que vous me faites faire, ne servira de rien ; & vous verrez que ce sera dès demain à recommencer.

M. DE SOTENVILLE.
(*à George Dandin.*)

Nous y donnerons ordre. Allons, mettez-vous à genoux.

GEORGE DANDIN.
A genoux ?

M. DE SOTENVILLE.
Oui, à genoux, & sans tarder.

GEORGE DANDIN *à genoux, une chandelle à la main.*
(*à part.*) (*à M. de Sotenville.*)
O Ciel ! Que faut-il dire ?

M. DE SOTENVILLE.
Madame, je vous prie de me pardonner.

GEORGE DANDIN.
Madame, je vous prie de me pardonner.

M. DE SOTENVILLE.
L'extravagance que j'ai faite ?

GEORGE DANDIN.
(*à part.*)
L'extravagance que j'ai faite de vous épouser ;

M. DE SOTENVILLE.
Et je vous promets de mieux vivre à l'avenir.

GEORGE DANDIN.
Et je vous promets de mieux vivre à l'avenir.

M. DE SOTENVILLE *à George Dandin.*
Prenez y garde, & sçachez que c'est ici la derniere de vos impertinences que nous souffrirons.

Tome V.   M

Madame DE SOTENVILLE.

Jour de Dieu ! Si vous y retournez, on vous apprendra le respect que vous devez à votre femme, & à ceux de qui elle sort.

M. DE SOTENVILLE.

Voilà le jour qui va paroître. Adieu.

(*George Dandin.*)

Rentrez chez vous, & songez bien à être sage.

(*à Madame de Sotenville.*)

Et nous, m'amour, allons-nous mettre au lit.

SCENE DERNIERE.

GEORGE DANDIN *seul*.

AH ! Je le quitte maintenant, & je n'y vois plus de remede. Lorsqu'on a, comme moi, épousé une méchante femme, le meilleur parti qu'on puisse prendre, c'est de s'aller jetter dans l'eau, la tête la premiere.

FIN.

AVERTISSEMENT.

LA Comédie de George Dandin, parut pour la premiere fois devant le Roi en 1668, & faifoit une des principales parties de la Fête que Sa Majefté donna à Verfailles le 18 Juillet de cette année. Elle y fut repréfentée avec des Intermedes, qui font une efpece de Comédie en vers, mêlée de mufique & de danfes, qu'on avoit, en quelque forte, liée au fujet principal.

En faifant imprimer ces Intermedes, on a joint le détail de la Fête entiere, & on y a été autorifé par celui qui nous a été confervé dans toutes les éditions de Moliere, de la Fête de 1664. Les monumens de la magnificence de Louis XIV en tous les genres, méritent d'être tranfmis à la poftérité.

FESTES DE VERSAILLES,
en 1668.

LE Roi ayant accordé la paix aux inftances de fes Alliés, & aux vœux de toute l'Europe, & donné des marques d'une modération & d'une bonté fans exemple, même dans le plus fort de fes conquêtes, ne penfoit plus qu'à s'appliquer aux affaires de fon Royaume, lorfque pour réparer en quelque forte ce que la Cour avoit perdu dans le Carnaval pendant fon abfence, il réfolut de faire une Fête dans les jardins de Verſailles, où, parmi les plaiſirs que l'on trouve dans un ſéjour ſi délicieux, l'eſprit fut encore touché de ces beautés ſurprenantes & extraordinaires, dont ce grand Prince ſçait ſi bien aſſaiſonner tous ſes divertiſſemens.

Pour cet effet, voulant donner la Comédie enſuite d'une collation, & après la Comédie, le ſouper, qui fût ſuivi d'un bal & d'un feu d'artifice, il jetta les yeux ſur les perſonnes qu'il jugea les plus capables pour diſpoſer toutes les choſes propres à cela. Il leur marqua lui-même les endroits où la diſpoſition du lieu pouvoit, par ſa beauté naturelle, contribuer davantage à leur décoration; &, parce que l'un des plus beaux ornemens de cette maiſon eſt la quantité des eaux que l'art y a conduites malgré la nature qui les lui avoit refuſées; Sa Majeſté leur ordonna de s'en ſervir le plus qu'ils pourroient, à l'embelliſſement de ces lieux, & même leur ouvrit les moyens de les employer, & d'en tirer les effets qu'elles peuvent faire.

Pour l'exécution de cette Fête, le Duc de Crequy, comme premier Gentilhomme de la Chambre, fut chargé de ce qui regardoit la Comédie; le Maréchal de Bellefonds, comme premier Maître d'hôtel du Roi, prit ſoin de la collation, du ſouper & de tout ce qui regardoit le ſervice des tables; & Monſieur Colbert, comme Surintendant des bâtimens, fit conſtruire & embellir les divers lieux deſtinés à ce divertiſſement royal, & donna les ordres pour l'exécution des feux d'artifice.

Le ſieur Vigarani eut ordre de dreſſer le Théatre pour la Comédie, le ſieur Giſſey d'accommoder un endroit pour le ſouper, & le ſieur le Vau, premier Architecte du Roi, un autre pour le Bal.

Le Mercredi, 18me jour de Juillet, le Roi étant parti de St. Germain, vint dîner à Verſailles avec la Reine, Monſeigneur le Dauphin, Monſieur & Madame. Le reſte de la Cour, étant arrivé incontinent après-midi, trouva des Officiers du Roi qui faisoient les honneurs, & recevoient tout le monde dans les salles du château, où il y avoit en plusieurs endroits des tables dressées, & de quoi se rafraîchir; les principales Dames furent conduites dans des chambres particulieres pour se reposer.

Sur les six heures du soir; le Roi, ayant commandé au Marquis de Gesvres, Capitaine de ses Gardes, de faire ouvrir toutes les portes, afin qu'il n'y eût personne qui ne prît part au divertissement, sortit du Château avec la Reine, & tout le reste de la Cour, pour prendre le plaisir de la promenade.

Quand Leurs Majestés eurent fait le tour du grand parterre, elles descendirent dans celui de gazon qui est du côté de la grotte, où, après avoir considéré les fontaines qui les embellissent, elles s'arrêterent particuliérement à regarder celle qui est au bas du petit parc du côté de la pompe. Dans le milieu de son bassin, l'on voit un dragon de bronze, qui, percé d'une fleche, semble vomir le sang par la gueule, en poussant en l'air un bouillon d'eau qui retombe en pluie, & couvre tout le bassin.

Autour de ce Dragon, il y a quatre petits Amours sur des Cygnes qui font chacun un grand jet d'eau, & qui nagent vers le bord comme pour se sauver. Deux de ces Amours qui sont en face du Dragon, se cachent le visage avec la main pour ne le pas voir, & sur leur visage l'on apperçoit toutes les marques de la crainte parfaitement exprimées ; les deux autres, plus hardis, parce que le monstre n'est pas tourné de leur côté, l'attaquent de leurs armes. Entre ces Amours sont des Dauphins de bronze, dont la gueule ouverte pousse en l'air de gros bouillons d'eau.

Leurs Majestés allerent ensuite chercher le frais dans ces bosquets si délicieux, où l'épaisseur des arbres empêche que le soleil ne se fasse sentir. Lorsqu'elles furent dans celui dont un grand nombre d'agréables allées forme une espece de labyrinthe, elles arriverent, après plusieurs détours, dans un cabinet de verdure pentagone, où aboutissent cinq allées. Au milieu de ce cabinet, il y a une fontaine dont le bassin est bordé de gazon. De ce bassin sortoient cinq tables en maniere de buffets chargées de toutes les choses qui peuvent composer une collation magnifique.

L'une de ces tables representoit une montagne, où, dans plusieurs especes de cavernes, on voyoit diverses sortes de viandes froides, l'autre étoit comme la face d'un Palais bâti de massepains & pâtes sucrées. Il y en avoit une chargée de pyramides de confitures seches, une autre d'une infinité de vases remplis de toutes sortes de liqueurs; & la derniere étoit composée de caramels. Toutes ces tables, dont les plans étoient ingénieusement formés en divers compartimens, étoient couvertes d'une infinité de choses délicates, & disposéees d'une maniere toute nouvelle; leurs pieds, & leurs dossiers étoient environés de feuillages, mêlés de festons de fleurs, dont une partie étoit soutenue par des Bacchantes. Il y avoit, entre ces tables, une petite pelouse de mousse verte, qui s'avançoit dans le bassin, & sur laquelle on voyoit, dans de grands vases, des orangers, dont les fruits étoient confits; chacun de ces orangers avoit à côté de lui, deux autres arbres de différentes especes, dont les fruits étoient pareillement confits.

Du milieu de ces tables s'élevoit un jet d'eau de plus de trente pieds de haut, dont la chûte faisoit un bruit très-agréable; de sorte qu'en voyant tous ces buffets d'une même hauteur, joints les uns aux autres par les branches d'arbres & les fleurs dont ils étoient revêtus, il sembloit que ce fût une petite montagne, du haut de laquelle sortît une fontaine.

La palissade qui fait l'enceinte de ce cabinet, étoit disposée d'une maniere toute particuliere: le jardinier, ayant employé son industrie à bien ployer les branches des arbres, & à les lier enſemble en diverſes façons, en avoit formé une eſpece d'architecture. Dans le milieu du couronnement, on voyoit un ſocle de verdure, ſur lequel il y avoit un dais, qui portoit un vaſe rempli de fleurs. Aux côtés du dais, & ſur le même ſocle, étoient deux autres vaſes de fleurs; &, en cet endroit, le haut de la paliſſade venant doucement à s'arrondir en forme de globe, ſe terminoit aux deux extrêmités, par deux autres vaſes auſſi remplis de fleurs.

Au lieu de ſiege de gazon, il y avoit, tout au tour du cabinet, des couches de melons, dont la quantité, la groſſeur & la bonté étoient ſurprenantes pour la ſaiſon. Ces couches étoient faites d'une maniere toute extraordinaire; &, à bien conſidérer la beauté de ce lieu, l'on auroit pu dire, que les hommes n'auroient point eu de part à un ſi bel arrangement, mais que quelques Divinités de ces bois auroient employé leurs ſoins pour l'embellir de la ſorte.

Comme il y a cinq allées qui ſe terminent toutes dans ce cabinet, & qui forment une étoile, l'on trouvoit ces allées ornées, de chaque côté, de vingt-ſix arcades de cyprès. Sous chaque arcade, & ſur des ſieges de gazon, il y avoit de grands vaſes remplis de divers arbres chargés de leurs fruits. Dans la premiere de ces allées, il n'y avoit que des orangers de Portugal. La ſeconde étoit toute de bigarreautiers & de ceriſiers mêlés enſemble. La troiſieme étoit bordée d'abricotiers & de pêchers. La quatrieme, de groiſellier d'Hollande; & dans la cinquieme, l'on ne voyoit que des poiriers de différentes eſpeces. Tous ces arbres faiſoient un agréable objet à la vue, à cauſe de leurs fruits, qui paroiſſoient encore davantage contre l'épaiſſeur du bois.

Au bout de ces cinq allées, il y avoit cinq grandes niches de verdure, que l'on voyoit toutes en face du milieu du cabinet. Ces niches étoient cintrées; &,

M 4

sur les pilastres des côtés, s'élevoient deux rouleaux qui s'alloient joindre à un quarré qui étoit au milieu. Dans ce quarré l'on voyoit les chiffres du Roi, composés de différentes fleurs ; &, des deux côtés, pendoient des festons qui s'attachoient à l'extrémité des rouleaux. A côté de la niche, il y avoit deux arcades aussi de verdure, avec leurs pilastres, d'un côté & d'autre ; & tous ces pilastres étoient terminés par des vases remplis de fleurs.

Dans l'une de ces niches, étoit la figure du Dieu Pan, qui, ayant sur le visage toutes les marques de la joie, sembloit prendre part à celle de toute l'assemblée. Le sculpteur l'avoit disposé dans une action qui faisoit connoître qu'il étoit mis-là, comme la divinité qui présidoit dans ce lieu.

Dans les quatre autres niches, il y avoit quatre Satyres, deux hommes & deux femmes, qui tous sembloient danser & témoigner le plaisir qu'ils ressentoient de se voir visité par un si grand Monarque suivi d'une si belle Cour. Toutes ces figures étoient dorées, & faisoient un effet admirable contre le verd de ces palissades.

Après que leurs Majestés eurent été quelque-tems dans cet endroit si charmant, & que les Dames eurent fait collation, le Roi abandonna les tables au pillage des gens qui suivoient ; & la destruction d'un arrangement si beau, servit encore d'un divertissemet agréable à toute la Cour, par l'empressement & la confusion de ceux qui démolissoient ces Châteaux de Massepain, & ces Montagnes de Confitures.

Au sortir de ce lieu, le Roi rentrant dans une caléche, la Reine dans sa chaise, & tout le reste de la Cour dans leurs carrosses, poursuivirent leur promenade pour se rendre à la Comédie, & passant dans une grande allée de quatre rangs de tilleuls, firent le tour du bassin de la fontaine des Cygnes qui termine l'allée royale vis-à-vis du Château. Ce bassin est un quarré long, finissant par deux demi-ronds. Sa longueur eſt de ſoixante toiſes ſur quarante de large. Dans ſon milieu, il y a une infinité de jets d'eau qui, réunis enſemble, font une gerbe d'une hauteur & d'une groſſeur extraordinaire.

A côté de la grande allée royale, il y en a deux autres qui en ſont éloignées d'environ deux cens pas, celle qui eſt à droit en montant vers le Château, s'appelle l'allée du Roi, & celle qui eſt à gauche, l'allée des Prés. Ces trois allées ſont traverſées par une autre qui ſe termine à deux grilles qui font la cloture du petit parc. Les deux allées des côtés & celle qui les traverſe ont cinq toiſes de large; mais à l'endroit où elles ſe rencontrent, elles forment un grand eſpace qui a plus de treize toiſes en quarré. C'eſt dans cet endroit de l'allée du Roi, que le ſieur Vigarani avoit diſpoſé le lieu de la Comédie. Le Théatre qui avançoit un peu dans le quartier de la place, s'enfonçoit de dix toiſes dans l'allée qui monte vers le Château; & laiſſoit pour la ſalle un eſpace de treize toiſes de face, ſur neuf de large.

L'exhauſſement de ce Sallon étoit de trente pieds juſqu'à la corniche, d'où les côtés du platfond s'élevoient encore de huit pieds juſqu'au dernier enfoncement. Il étoit couvert de feuilles par dehors; &, par dedans, paré de riches tapiſſeries que le Sr. du Metz, Intendant des meubles de la Couronne, avoit pris ſoin de faire diſpoſer de la maniere la plus belle & la plus convenable pour la décoration de ce lieu. Du haut du platfond pendoient 32 chandeliers de chriſtal, portant chacun dix bougies de cire blanches. Autour de la Salle étoient pluſieurs ſieges diſpoſés en amphithéatre, remplis de plus de douze cens perſonnes; &, dans le parterre, il y avoit encore ſur des bancs une plus grande quantité de monde. Cette Salle étoit percée par deux grandes arcades, dont l'une étoit vis-à-vis du Théatre, & l'autre, du côté qui va vers la grande allée. L'ouverture du Théatre étoit de trente-ſix pieds, & de chaque cô-

M 5

té, il avoit deux grandes colones torses de bronze & de lapis, environnées de branches & de feuilles de vignes d'or; elles étoient posées sur des piédestaux de marbre, & portoient une grande corniche aussi de marbre, dans le milieu de laquelle on voyoit les armes du Roi sur un cartouche doré, accompagné de trophée; l'architecture étoit d'ordre Ionique. Entre chaque colonne il y avoit une figure; celle qui étoit à droit représentoit la Paix, & celle qui étoit à gauche figuroit la Victoire, pour montrer que Sa Majesté est toujours en état de faire que ses peuples jouissent d'une paix heureuse & pleine d'abondance, en établissant le repos dans l'Europe, ou d'une victoire glorieuse & remplie de joie quand elle est obligée de prendre les armes pour soutenir ses droits.

Lorsque leurs Majestés furent arrivées dans ce lieu, dont la grandeur & la magnificence surprirent toute la Cour, & quand elles eurent pris leurs places sous le haut dais qui étoit au milieu du Parterre, on leva la toile qui cachoit la décoration du Théatre; & alors, les yeux se trouvant tout-à-fait trompés, l'on crut voir effectivement un Jardin d'une beauté extraordinaire.

A l'entrée de ce Jardin, l'on découvroit deux palissades si ingénieusement moulées qu'elles formoient un ordre d'architecture, dont la corniche étoit soutenue par quatre termes qui representoient des Satyres. La partie d'en bas de ces termes, & ce qu'on appelle guaine, étoit de jaspe, & le reste de bronze doré. Ces Satyres portoient sur leurs têtes des corbeilles pleines de fleurs; &, sur les piédestaux de marbre qui soutenoient ces mêmes termes, il y avoit de grands vases dorés aussi rempli de fleurs.

Un peu plus loin, paroissoient deux terrasses revêtues de marbre blanc qui environnoient un long canal. Au bord de ces terrasses, il y avoit des masques dorés qui vomissoient de l'eau dans le canal; &, au dessus de ces masques, on voyoit des vases de bronze doré, d'où sortoient aussi autant de véritables jets d'eau.

On montoit sur ces terrasses par trois degrés, & sur la même ligne où étoient rangés les termes, il y avoit d'un côté & d'autre, une allée de grands arbres entre lesquels paroissoient des cabinets d'une architecture rustique. Chaque cabinet couvroit un grand bassin de marbre soutenu sur un piédestal de même matiere, & de ces bassins sortoient autant de jets d'eau.

Le bout du canal le plus proche étoit bordé de douze jets d'eau qui formoient autant de chandeliers ; & à l'autre extrémité, on voyoit un superbe Edifice en forme de dôme. Il étoit percé de trois grands Portiques au travers desquels on découvroit une grande étendue de pays.

D'abord l'on vit sur le Théatre une collation magnifique d'oranges de Portugal, & de toutes sortes de fruits chargés à fond & en pyramides dans trente-six corbeilles qui furent servies à toute la Cour par le Maréchal de Bellefonds, & par plusieurs Seigneurs, pendant que le Sieur de Launay, Intendant des menus plaisirs & affaires de la Chambre, donnoit de tous côtés des imprimés qui contenoient le sujet de la Comédie & du Ballet.

Bien que la Piece qu'on representa doive être considérée comme un impromptu & un de ces ouvrages où la nécessité de satisfaire sur le champ aux volontés du Roi, ne donne pas toujours le loisir d'y apporter la derniere main, & d'en former les derniers traits, néanmoins il est certain qu'elle est composée de parties si diversifiées & si agréables, qu'on peut dire qu'il n'en a guère paru sur le Théatre de plus capable de satisfaire tout ensemble, l'oreille & les yeux des Spectateurs. La prose dont on s'est servi est un langage très-propre pour l'action qu'on represente ; & les vers qui se chantent entre les Actes de la Comédie conviennent si bien au sujet & expriment si tendrement les passions dont ceux qui les recitent doivent être émus, qu'il n'y a jamais rien eu de plus touchant. Quoiqu'il semble que ce soient deux Comédies que l'on joue en même-tems, dont l'une soit en prose & l'autre en vers, elles sont pourtant si bien unies à un même sujet qu'elles ne font qu'une même Piece, & ne representent qu'une seule action.

ACTEURS DES INTERMEDES
de la Comédie de George Dandin.

GEORGE DANDIN.
BERGERS dansans, déguisés en Valets de Fête.
BERGERES jouant de la Flûte.
CLIMENE, Bergere chantante.
CLORIS, Bergere chantante.
TIRCIS, Berger chantant, Amant de Climene.
PHILENE, Berger chantant, Amant de Cloris.
UNE BERGERE.
BATELIERS, dansans.
UN PAYSAN, Ami de George Dandin.
CHOEUR DE BERGERES, chantans.
BERGERS & BERGERES, chantant.
UN SATYRE, chantant.
UN SUIVANT DE BACHUS, chantant.
CHOEUR DE SUIVANS DE BACHUS, chantans.
CHOEUR DE SUIVANS DE L'AMOUR, chantans.
UN BERGER, chantant.
SUIVANS DE BACHUS & BACHANTES, dansans.
SUIVANS DE L'AMOUR, dansans.

INTERMEDES
DE LA COMEDIE
DE GEORGE DANDIN.

PREMIER INTERMEDE.

SCENE PREMIERE.

GEORGE DANDIN, BERGERS *déguisés en valets de fête*, BERGERS *jouant de la flûte*.

PREMIERE ENTRÉE.

Quatre Bergers déguisés en valets de fête, accompagnés de quatre Bergers jouant de la flûte, entrent en dansant, & obligent George Dandin de danser avec eux.

George Dandin, mal satisfait de son mariage, & n'ayant l'esprit rempli que de fâcheuses penséet, quitte bientôt les Bergers avec lesquels il n'a demeuré que par contrainte.

SCÈNE II.
CLIMENE, CLORIS.
CLIMENE.

L'Autre jour d'Annette
J'entendis la voix,
Qui sur sa musette,
Chantoit dans nos bois;
Amour, que sous ton empire
On souffre de maux cuisans !
Je le puis bien dire,
Puisque je le sens.

CLORIS.
La jeune Lisette,
Au même moment,
Sur le ton d'Annette,
Reprit tendrement;
Amour, si, sous ton empire,
Je souffre des maux cuisans,
C'est de n'oser dire
Tout ce que je sens.

SCÈNE III.
TIRCIS, PHILENE, CLIMENE, CLORIS.
CLORIS.

Laisse-nous en repos; Philéne.
CLIMENE.
Tircis, ne viens point m'arrêter.

TIRCIS & PHILENE ENSEMBLE.
Ah! Belle inhumaine,
Daigne un moment m'écouter.
CLIMENE & CLORIS ENSEMBLE.
Mais, que me veux-tu conter?
TIRCIS & PHILENE ENSEMBLE.
Que d'une flamme immortelle,
Mon cœur brûle sous tes loix.
CLIMENE & CLORIS ENSEMBLE.
Ce n'est pas une nouvelle,
Tu me l'as dit mille fois.
PHILENE à Cloris.
Quoi! Veux-tu, toute ma vie,
Que j'aime, & n'obtienne rien?
CLORIS.
Non, ce n'est pas mon envie,
N'aime plus, je le veux bien.
TIRCIS à Climene.
Le Ciel me force à l'hommage
Dont tous ces bois sont témoins.
CLIMENE.
C'est au Ciel, puisqu'il t'engage,
A te payer de tes soins.
PHILENE à Cloris.
C'est par ton mérite extrême,
Que tu captives mes vœux.
CLORIS.
Si je mérite qu'on m'aime,
Je ne dois rien à tes feux.
TIRCIS & PHILENE ENSEMBLE.
L'éclat de tes yeux me tue.
CLIMENE & CLORIS ENSEMBLE.
Détourne de moi tes pas.
TIRCIS & PHILENE ENSEMBLE.
Je me plais dans cette vue.
CLIMENE & CLORIS ENSEMBLE.
Berger, ne t'en plains donc pas.

FÊTE

PHILENE.
Ah, belle Climene !
TIRCIS.
Ah, belle Cloris !
PHILENE *à Climene.*
Rends-la pour moi plus humaine.
TIRCIS *à Cloris.*
Dompte pour moi ses mépris.
CLIMENE *à Cloris.*
Sois sensible à l'amour que te porte Philene.
CLORIS *à Climene.*
Sois sensible à l'ardeur dont Tircis est épris.
CLIMENE *à Cloris.*
Si tu veux me donner ton exemple, Bergere,
Peut-être je le recevrai.
CLORI *à Climene.*
Si tu veux te résoudre à marcher la premiere,
Possible que je te suivrai.
CLIMENE *à Philene.*
Adieu, berger.
CLORIS *à Tircis.*
Adieu, Berger.
CLIMENE *à Philene.*
Attends un favorable sort.
CLORIS *à Tircis.*
Attends un doux succès du mal qui te possède.
TIRCIS.
Je n'attends aucun remede.
PHILENE.
Et je n'attens que la mort.
TIRCIS & PHILENE ENSEMBLE.
Puisqu'il nous faut languir en de tels déplaisirs,
Mettons fin, en mourant, à nos tristes soupirs.

Fin du premier Intermede.

PREMIER ACTE
DE LA COMEDIE.

II. INTERMEDE.

SCENE PREMIERE.
GEORGE DANDIN, UNE BERGERE.

La Bergere vient apprendre à George Dandin le désespoir de Tircis & de Philene, qui se sont précipités dans les eaux. George Dandin, agité d'autres inquiétudes, la quitte en colere.

SCENE II.
CLORIS.

AH ! mortelles douleurs !
Qu'ai-je plus à prétendre ?
Coulez, coulez, mes pleurs,
Je n'en puis trop répandre.
Pourquoi faut-il qu'un tyrannique honneur
Tienne notre ame en esclave asservie ?
Hélas ! pour contenter sa barbe rigueur,
J'ai réduit mon amant à sortir de la vie.
Ah ! mortelles douleurs !
Qu'ai-je plus à prétendre ?
Coulez, coulez mes pleurs
Je n'en puis trop répandre.

Me puis-je pardonner, dans ce funeste sort,
Les sévéres froideurs dont je m'étois armée ?
Quoi donc mon cher amant, je t'ai donné la mort ?
Est-ce le prix, hélas ! de m'avoir tant aimée ?

Ah ! mortelles douleurs !
Qu'ai-je plus à prétendre ?
Coulez, coulez mes pleurs,
Je n'en puis trop répandre.

Fin du second Intermede.

II. ACTE
DE LA COMEDIE.

III. INTERMEDE.

SCENE PREMIERE.

GEORGE DANDIN, UNE BERGERE, BATELIERS.

La Bergere qui avoit annoncé à George Dandin le malheur de Tircis & Philene, lui vient dire que ces Bergers ne sont point morts, & lui montre les Bateliers qui les ont sauvés. George Dandin n'écoute pas plus tranquillement ce second recit de la Bergere, qu'il n'avoit fait le premier, & se retire.

SCENE II.
ENTRÉE DE BALLET.

Les bateliers qui ont sauvé Tircis & Philene, ravis de la récompense qu'ils ont reçue, expriment leur joie en dansant, & font une maniere de jeu avec leurs crocs.

Fin du troisieme Intermede.

III. ACTE
DE LA COMEDIE.

IV. INTERMEDE.

SCENE PREMIERE.
GEORGE DANDIN, UN PAYSAN.

Ce paysan, ami de George Dandin, lui conseille de noyer dans le vin toutes ses inquiétudes, & l'emmene pour joindre sa troupe, voyant venir toute la foule des Bergers amoureux, qui commencent à célébrer, par des chants & des danses, le pouvoir de l'Amour.

SCENE II.

Le Théatre change, & représente de grandes roches entremêlées d'arbres, où l'on voit plusieurs Bergers qui jouent des instrumens.

CLORIS, CLIMENE, TIRCIS, PHILENE, CHŒUR DE BERGERS chantans, **BERGERS & BERGERES** dansans.

CLORIS.

Ici l'ombre des ormeaux,
Donne un teint frais aux herbettes,
Et les bords de ces ruisseaux
Brillent de mille fleurettes
Qui se mirent dans les eaux.
Prenez, Bergers, vos musettes,
Ajustez vos chalumaux ;
Et mêlons nos chansonnettes
Au chant des petits oiseaux.
Le Zéphire entre ces eaux,
Fait mille courses secrettes ;
Et les Rossignols nouveaux,
De leurs douces amourettes,
Parlent aux tendres rameaux.
Prenez, Bergers, vos musettes,
Ajustez vos chalumeaux,
Et mêlons nos chansonnettes
Au chant des petits oiseaux.

PREMIERE ENTRÉE DE BALLET.

Bergers & Bergeres dansans.

CLIMENE.

Ah ! qu'il est doux, belle Sylvie,
Ah ! qu'il est doux de s'enflammer !

Il faut retrancher de la vie
Ce qu'on en paſſe ſans aimer.
CLORIS.
Ah ! Les beaux jours qu'amour nous donne,
Lorſque ſa flamme unit les cœurs !
Eſt-il ni gloire ni couronne
Qui vaille ſes moindres douceurs ?
TIRCIS.
Qu'avec peu de raiſon on ſe plaint d'un martyre
Que ſuivent de ſi doux plaiſirs !
PHILENE.
Un moment de bonheur dans l'amoureux empire.
Répare dix ans de ſoupirs.
TOUS ENSEMBLE.
Chantons tous de l'Amour le pouvoir adorable ;
Chantons tous dans ces lieux
Ses attraits glorieux ;
Il eſt le plus aimable,
Et le plus grand des Dieux.

SCENE III.

Un grand rocher, couvert d'arbres, ſur lequel eſt aſſiſe toute la trompe de Bacchus, s'avance ſur le bord du Théatre.

UN SATYRE, UN SUIVANT DE BACCHUS, CHŒUR DE SATYRES *chantans*, SUIVANS DE BACCHUS & BACCHANTES *danſans*, CLORIS, CLIMENE, TIRCIS, PHILENE, CHŒUR DE BERGERS *chantans*, BERGERS & BERGERES *danſans*.

LE SATYRE.
Arrêtez, c'eſt trop entreprendre ;
Un autre Dieu, dont nous ſuivons les loix,
S'oppoſe à cet honneur qu'à l'amour oſent rendre
Vos muſettes & vos voix ;

FÊTE

A des titres si beaux, Bacchus seul peut prétendre,
Et nous sommes ici pour défendre ses droits.

CHŒUR DE SATYRES.

Nous suivons de Bacchus le pouvoir adorable,
Nous suivons en tous lieux
Ses attraits glorieux;
Il est le plus aimable
Et le plus grand des Dieux.

II. ENTRÉE DE BALLET.

Suivans de Bacchus & Bacchantes dansans.

CLORIS.

C'est le printemps qui rend l'ame
A nos champs semés de fleurs;
Mais c'est l'amour & sa flamme
Qui font revivre nos cœurs.

UN SUIVANT de Bacchus.

Le soleil chasse les ombres
Dont le Ciel est obscurci;
Et, des ames les plus sombres,
Bacchus chasse le souci.

CHŒUR *des suivans de Bacchus.*

Bacchus est révéré sur la terre & sur l'onde.

CHŒUR *des suivans de l'Amour.*

Et l'Amour est un Dieu qu'on adore en tous lieux.

CHŒUR *des suivans de Bacchus.*

Bacchus à son pouvoir a soumis tout le monde.

CHŒUR *des suivans de l'Amour.*

Et l'Amour a domté les hommes & les Dieux.

CHŒUR *des suivans de Bacchus.*

Rien peut-il égaler sa douceur sans seconde?

CHŒUR *des suivans de l'Amour.*

Rien peut-il égaler ses charmes précieux?

CHŒUR *des suivans de Bacchus.*

Fi de l'Amour & de ses feux.

CHŒUR *des suivans de l'Amour.*

Ah! quel plaisir d'aimer!

CHŒUR *des suivans de Bacchus.*
Ah ! Quel plaisir de boire !
CHŒUR *des suivans de l'Amour.*
A qui vit sans amour, la vie est sans appas.
CHŒUR *des suivans de Bacchus.*
C'est mourir que de vivre & de ne boire pas.
CHŒUR *des suivans de l'Amour.*
Aimables fers !
CHŒUR *des suivans de Bacchus.*
Douce victoire !
CHŒUR *des suivans de l'Amour.*
Ah ! Quel plaisir d'aimer !
CHŒUR *des suivans de Bacchus.*
Ah ! Quel plaisir de boire !
TOUS ENSEMBLE.
Non, non, c'est un abus,
Le plus grand Dieu de tous,
CHŒUR *des suivans de l'Amour.*
C'est l'amour.
CHŒUR *des suivans de Bacchus.*
C'est Bacchus.

SCENE IV.

UN BERGER & *les mêmes Acteurs.*
UN BERGER.
C'Est trop, c'est trop, Bergers. Hé, pourquoi ces debats ?
Souffrons qu'en un parti la raison nous assemble.
L'amour a des douceurs, Bacchus a des appas,
Ce sont deux Déités qui sont fort bien ensemble,
Ne les séparons pas.
LES DEUX CHŒURS.
Mêlons donc leurs douceurs aimables.
Mêlons nos voix dans ces lieux agréables.
Et faisons répéter aux échos d'alentour,
Qu'il n'est rien de plus doux que Bacchus & l'Amour.

III. ENTRÉE DE BALLET.

Les Bergers & Bergeres se mêlent avec les suivans de Bacchus & les Bacchantes. Les suivans de Bacchus frappent avec leurs tyrses les especes de tambours de basque que portent les Bacchantes, pour representer ces cribles qu'elles portoient anciennement aux fêtes de Bacchus ; les uns & les autres font différentes postures, pendant que les Bergers & les Bergeres dansent plus sérieusement.

FIN.

NOMS DES PERSONNES QUI ont representé, chanté, & dansé dans les Intermedes de la Comédie de George Dandin.

George Dandin, *le sieur Moliere.* Bergers dansans, déguisés en valets de fête, *les sieurs Beauchamp, Saint André, la Pierre, Favier.* Bergers jouant de la flûte, *les sieurs Descôteaux, Philbert, Jean & Martin Hotterre.* Climene, *Mademoiselle Hilaire.* Cloris, *Mademoiselle de Fronteaux.* Tircis, *le sieur Blondel.* Philene, *le sieur Gaye.* Une Bergere, *Mademoiselle....* Bateliers dansans, *les sieurs Beauchamp, Jouan, Chicanneau, Favier, Noblet, Mayeu.* Un Paysan, ami de George Dandin, *le sieur....* Bergers dansans, *les sieurs Chicanneau, Saint André, la Pierre, Favier.* Bergeres dansantes, *les sieurs Bonard, Arnald, Noblet, Foignard.* Satyre chantant, *le sieur Estival.* Suivant de Bacchus, chantant, *le sieur Gingan.* Suivans de Bacchus, dansans, *les sieurs Beauchamp, Dolivet, Chicanneau, Mayeu.* Bacchantes dansantes, *le sieur Paysan, Manceau, le Roi, Pesan.* Un Berger, *le sieur le Gros.*

CEt agréable spectacle étant fini de la sorte, le Roi & toute la Cour sortirent par le portique du côté gauche du sallon, & qui rend dans l'allée de traverse, au bout de laquelle, à l'endroit où elle coupe l'allée des prés, l'on apperçut de loin un édifice

fice élevé de cinquante pieds de haut. Sa figure étoit octogone, & sur le haut de la couverture s'élevoit une espece de dôme d'une grandeur & d'une hauteur si belle & si proportionnée, que le tout ensemble ressembloit beaucoup à ces beaux Temples antiques, dont l'on voit encore quelques restes; il étoit couvert de feuillages, & rempli d'une infinité de lumieres. A mesure qu'on s'en approchoit, on y découvroit mille différentes beautés. Il étoit isolé, & l'on voyoit dans les huit angles autant de pilastres qui servoient comme de pieds forts, ou d'arc-boutans, élevés de quinze pieds de haut. Au-dessus de ces pilastres, il y avoit de grands vases ornés de différentes façons & remplis de lumieres. Du haut de ces vases sortoit une fontaine, qui, retombant à l'entour, les environnoit comme d'une cloche de crystal. Ce qui faisoit un effet d'autant plus admirable, qu'on voyoit un feu éclairer agréablement au milieu de l'eau.

Cet édifice étoit percé de huit portes. Au-devant de celle par où l'on entroit, & sur deux piedestaux de verdure, étoient deux grandes figures dorées, qui representoient deux Faunes, jouant chacun d'un instrument. Au-dessus de ces portes, on voyoit comme une espece de frise ornée de huit grands bas reliefs, representant, par des figures assises, les quatre saisons de l'année, & les quatre parties du jour. A côté des premieres, il y avoit de doubles L, & à côté des autres des fleurs de lys. Elles étoient toutes enchassées parmi le feuillage, & faites avec un artifice de lumiere, si beau, & si surprenant, qu'il sembloit que toutes ces figures, ces L, & ces fleurs de lys fussent d'un métal lumineux & transparent.

Le tour du petit dôme étoit aussi orné de huit bas reliefs éclairés de la même force; mais au lieu de figures, c'étoient des trophées disposés en différentes manieres. Sur les angles du principal édifice

& du petit dôme, il y avoit de groſſes boules de verdure qui en terminoient les extrêmités.

Si l'on fut ſurpris en voyant par dehors la beauté de ce lieu, on le fut encore davantage en voyant le dedans. Il étoit preſqu'impoſſible de ne ſe pas perſuader que ce ne fût un enchantement, tant il y paroiſſoit de choſes qui ſembloient ne ſe pouvoir faire que par magie. Sa grandeur étoit de huit toiſes de diamettre. Au milieu il y avoit un grand rocher, & autour du rocher une table de figure octogone, chargée de ſoixante & quatre couverts. Ce rocher étoit percé en quatre endroits; il ſembloit que la nature eût fait choix de tout ce qu'elle a de plus beau & de plus riche pour la compoſition de cet ouvrage, & qu'elle eût elle-même pris plaiſir d'en faire ſon chef-d'œuvre, tant les ouvriers avoient bien ſçu cacher l'artifice dont ils s'étoient ſervi pour l'imiter.

Sur la cime du rocher étoit le cheval Pégaſe; il ſembloit, en ſe cabrant, faire ſortir de l'eau qu'on voyoit couler doucement de deſſous ſes pieds, mais qui auſſi-tôt tomboit avec abondance, & formoit comme quatre fleuves. Cette eau qui ſe précipitoit avec violence & par gros bouillons parmi les pointes de rocher, le rendoit tout blanc d'écume, & ne s'y perdoit que pour paroître enſuite plus belle & plus brillante; car, reſſortant avec impétuoſité par des endroits cachés, elle faiſoit des chûtes d'autant plus agréables, qu'elles ſe ſéparoient en pluſieurs petits ruiſſeaux parmi les cailloux & les coquilles. Il ſortoit de tous les endroits les plus creux du rocher, mille gouttes d'eau, qui, avec celle des caſcades, venoient inonder une pelouſe couverte de mouſſe & de divers coquillages qui en faiſoit l'entrée. C'étoit ſur ce beau vert, & à l'entour de ces coquilles, que ces eaux, venant à ſe répandre, & à couler agréablement, faiſoient une infinité de retours qui paroiſſoient autant de petites ondes d'argent, & avec un murmure doux & agréable, qui s'accordoit au bruit des cascades, tomboient en cent différentes manieres dans huit canaux qui séparoient la table d'avec le rocher, & en recevoient toutes les eaux. Ces canaux étoient revêtus de carreaux de porcelaine & de mousse, au bord desquels il y avoit de grands vases à l'antique émaillés d'or & d'azur, qui, jettant l'eau par trois différents endroits, remplissoient trois grandes coupes de cryftal qui se dégorgeoient encore dans ces mêmes canaux.

Au-dessous du cheval Pégase, & vis-à-vis la porte par où l'on entroit, on voyoit la figure d'Apollon assise, tenant dans sa main une lyre; les neuf Muses étoient au-dessous de lui, qui tenoient aussi divers instruments. Dans les quatre coins du rocher, & au-dessous de la chûte de ces fleuves, il y avoit quatre figures couchées qui en représentoient les Divinités.

De quelque côté qu'on regardât ce rocher, l'on y voyoit toujours différens effets d'eau, & les lumieres dont il étoit éclairé, étoient si bien disposées, qu'il n'y en avoit point qui ne contribuassent à faire paroître toutes les figures qui étoient d'argent, & à faire briller davantage les divers éclats de l'eau, & les différentes couleurs des pierres & des cryftaux dont il étoit composé. Il y avoit même des lumieres si industrieusement cachées dans les cavités de ce rocher, qu'elles n'étoient point apperçues; mais qui cependant le faisoient voir par-tout, & donnoient un lustre & un éclat merveilleux à toutes les gouttes d'eau qui tomboient.

De huit portes dont ce sallon étoit percé, il y en avoit quatre au droit des quatre grandes allées, & quatre autres qui étoient vis-à-vis des petites allées qui sont dans les angles de cette place. A côté de chaque porte il y avoit quatre grandes niches percées à jour, & remplies d'un grand pied d'argent; au-dessous étoit un grand vase de même matiere, qui portoit une girandole de cryftal, allumée de dix bougies de cire blanche. Dans les huit angles qui forment la figure de ce lieu, il y avoit un corps folide, taillé rufiquement, & dont le fond verdâtre brilloit en façon de cryftal ou d'eau congelée. Contre ce corps étoient quatre coquilles de marbre les unes au-deflous des autres, & dans des diftances fort proportionnées; la plus haute étoit la moins grande, & celles de deflous augmentoient toujours en grandeur, pour mieux recevoir l'eau qui tomboit des unes dans les autres. On avoit mis, fur la coquille la plus élevée, une girandole de cryftal, allumée de dix bougies; & de cette coquille fortoit de l'eau en forme de nappe, qui, tombant dans la feconde coquille, fe répandoit dans une troifieme, où l'eau d'un mafque pofé au-deflus venant à fe rendre, la rempliffoit encore davantage. Cette troifieme coquille étoit portée par deux Dauphins, dont les écailles étoient de couleur de nacre; ces deux Dauphins jettoient de l'eau dans la quatrieme coquille, où tomboit auffi en nappe l'eau de la coquille qui étoit au-deflus; & toutes ces eaux venoient enfin à fe rendre dans un baffin de marbre, aux deux extrêmités duquel étoient deux grands vafes remplis d'orangers.

Le platfonds de ce lieu n'étoit pas cintré en forme de voûte; il s'élevoit jufques à l'ouverture du petit dôme par huit Pans, qui reprefentoient un compartiment de menuiferie artiftement taillé de feuillages dorés. Dans ces compartimens qui paroiffoient percés, l'on avoit peint des branches d'arbres au naturel, pour avoir plus d'union avec la feuillée, dont le corps de cet édifice étoit compofé. Le haut du petit dôme étoit auffi un compartiment d'une riche broderie d'or & d'argent fur un fond vert.

Outre vingt-cinq luftres de cryftal, chacun de dix bougies, qui éclairoient ce lieu, & qui tomboient du haut de la voûte, il y en avoit encore d'autres au milieu de huit portes, qui étoient attachés avec de grandes écharpes de gaze d'argent entre des festons de fleurs, noués avec de pareilles écharpes enrichies d'une frange de même.

Sur la grande corniche qui régnoit tout au tour de ce sallon, étoient rangés soixante & quatre vases de porcelaine remplis de diverses fleurs, &, entre ces vases, on avoit mis soixante & quatre boules de cryftal de diverses couleurs, & d'un pied de diametre, foutenues fur des pieds d'argent ; elles paroiffoient comme autant de pierres précieufes, & étoient éclairées d'une maniere fi ingénieufe, que la lumiere paffant au travers, & fe trouvant chargée des différentes couleurs de ces cryftaux, fe répandoit par-tout le haut du platfonds, où elle faifoit des effets fi admirables, qu'il fembloit que ce fuffent les couleurs même d'un véritable arc-en-ciel. De cette corniche, & du tour que formoit l'ouverture du petit dôme, pendoient plufieurs feftons de toutes fortes de fleurs, attachés avec des grandes écharpes de gaze d'argent, dont les bouts tombant entre chaque feston, paroiffoient avec beaucoup d'éclat & de grace fur tout le corps de cette architecture qui étoit de feuillages, & dont l'on avoit fi bien fcu former différentes fortes de verdure, que la diverfité des arbres qu'on y avoit employés, & que l'on avoit fcu accommoder les uns auprès des autres, ne faifoit pas une des moindres beautés de la compofition de cet agréable édifice.

Au-delà du portique qui étoit vis-à-vis de celui par où l'on entroit, on avoit dreffé un buffet d'une beauté & d'une richeffe toute extraordinaire. Il étoit enfoncé de dix-huit pieds dans l'allée, & l'on y montoit par trois grands degrés en forme d'eftrade. Il y avoit des deux côtés de ce buffet, deux manieres d'aîles élevées d'environ dix pieds de haut, dont le deffous fervoit pour paffer ceux qui portoient les viandes. Sur le milieu de chacune de ces ailes étoit un socle de verdure, qui portoit un grand guéridon d'argent, chargé d'une girandole aussi d'argent, allumée de bougie de cire blanche, & à côté de ces guéridons, plusieurs grands vases d'argent ; contre ce socle étoit attachée une grande plaque d'argent à trois branches, portant chacune un flambeau de cire blanche.

Sur la table du buffet, il y avoit quatre degrés de deux pieds de large, & de trois à quatre pieds de haut, qui s'élevoient jusqu'à un platfonds de feuillée de vingt-cinq pieds d'exhaussement. Sur ce buffet, & sur ces degrés, l'on voyoit dans une disposition agréable, vingt-quatre bassins d'argent d'une grandeur extrême, & d'un ouvrage merveilleux ; ils étoient séparés les uns des autres par autant de grands vases, de cassolettes & de girandoles d'argent d'une pareille beauté. Il y avoit sur la table vingt-quatre grands pots d'argent, remplis de toutes sortes de fleurs, avec la nef du Roi, la vaisselle & les verres destinés pour son service. Au-devant de la table, on voyoit une grande cuvette d'argent en forme de coquille, & aux deux bouts du buffet, quatre guéridons d'argent de six pieds de haut, sur lesquels étoient des girandoles d'argent, allumées de dix bougies de cire blanche.

Dans les deux autres arcades qui étoient à côté de celle-ci, étoient deux autres buffets, moins hauts & moins larges que celui du milieu ; chaque table avoit deux degrés, sur lesquels étoient dressés quatre grands bassins d'argent, qui accompagnoient un grand vase chargé d'une girandole allumée de dix bougies ; &, entre ces bassins & ce vase, il y avoit plusieurs figures d'argent. Aux deux bouts du buffet, l'on voyoit deux grandes plaques, portant chacune trois flambeaux de cire blanche ; au-dessus du dossier, un guéridon d'argent, chargé de plusieurs bougies ; & à côté plusieurs grands vases d'un prix & d'une pesanteur extraordinaire ;

outre six grands bassins qui servoient de fond. Devant chaque table, il y avoit une grande cuvette d'argent, pesant mille marcs, & ces tables, qui étoient comme deux crédences pour accompagner le grand buffet du Roi, étoient destinées pour le service des Dames.

Au-delà de l'arcade qui servoit d'entrée du côté de l'allée qui descend vers les grilles du grand Parc, étoit un enfoncement de dix-huit toises de long, qui formoit comme un avant-sallon.

Ce lieu étoit terminé d'un grand portique de verdure, au-delà duquel il y avoit une grande salle bornée par les deux côtés des palissades de l'allée, &, par l'autre bout, d'un autre portique de feuillage. Dans cette salle l'on avoit dressé quatre grandes tentes très-magnifiques, sous lesquelles étoient huit tables accompagnées de leurs buffets chargés de bassins, de verres & de lumieres, disposés dans un ordre tout-à-fait singulier.

Lorsque le Roi fut entré dans le sallon octogone, & que toute la Cour surprise de la beauté & de la disposition si extraordinaire de ce lieu, en eut bien considéré toutes les parties, Sa Majesté se mit à table, le dos tourné du côté par où elle avoit entré; & lorsque Monsieur eut pris aussi sa place, les Dames qui étoient nommées par Sa Majesté pour y souper, prirent les leurs, selon qu'elles se rencontrerent, sans garder aucun rang. Celles qui eurent cet honneur, furent,

Mesdemoiselles d'Angoulême.
Madame Aubry de Courcy.
Madame de Saint Abre.
Madame de Broglio.
Madame de Bailleull.
Madame de Bonnelle.
Madame Bignon.
Madame de Bordeaux.
Mademoiselle Borelle.

Madame de Brissac.
Madame de Coulange.
Madame la Maréchale de Clérambaut.
Madame la Maréchale de Castelnau.
Madame de Comminge.
Madame la Marquise de Castelnau.
Mademoiselle d'Elbeuf.
Madame la Maréchale d'Albret, & Mademoiselle sa fille.
Madame la Maréchale d'Estrées.
Madame la Maréchale de la Ferté.
Madame de la Fayette.
Madame la Comtesse de Fiesque.
Madame de Fontenay Hotman.
Madame de Fieubet.
Madame la Maréchale de Grancey, & Mesdemoiselles ses deux filles.
Madame des Hameaux.
Madame la Maréchale de l'Hôpital.
Madame la Lieutenante-Civile.
Madame la Comtesse de Louvigny.
Mademoiselle de Manicham.
Madame de Mekelbourg.
Madame la grande Maréchale.
Madame de Marré.
Madame de Nemours.
Madame de Richelieu.
Madame la Duchesse de Richemont.
Mademoiselle de Tresmes.
Madame Tambonneau.
Madame de la Trousse.
Madame la Présidente Tubœuf.
Madame la Duchesse de la Valliere.
Madame la Marquise de la Valliere.
Madame de Vilacerf.
Madame la Duchesse de Wirtemberg, & Madame sa fille.
Madame de Valavoire.

DE VERSAILLES, en 1668.

Comme la somptuosité de ce festin passe tout ce qu'on en pourroit dire, tant par l'abondance & la délicatesse des viandes qui y furent servies, que par le bel ordre que le Maréchal de Bellefonds & le sieur de Valentiné Contrôleur Général de la maison du Roi y apportérent, je n'entreprendrai pas d'en faire le détail; je dirai seulement que le pied du rocher étoit revêtu, parmi les coquilles & la mousse, de quantité de pâtes, de confitures, de conserves, d'herbages, & des fruits sucrés, qui sembloient être crues parmi les pierres, & en faire partie. Il y avoit sur les huit angles qui marquent la figure du rocher & de la table, huit pyramides de fleurs, dont chacune étoit composée de treize porcelaines remplies de différens mets. Il y eut cinq services, chacun de cinquante-six plats; les plats du dessert étoient chargés de seize porcelaines en pyramides, où tout ce qu'il y a de plus exquis & de plus rare dans la saison, y paroissoit à l'œil & au goût, d'une maniere qui secondoit bien ce que l'on avoit fait dans cet agréable lieu pour charmer la vue.

Dans une allée assez proche de-là, & sous une Tente, étoit la table de la Reine, où mangeoient Madame, Mademoiselle, Madame la Princesse, Madame la Princesse de Carignan. Monseigneur le Dauphin soupa au Château dans son appartement.

Le Roi étoit servi par Monsieur le Duc, & Monsieur, par le Sieur de Valentiné. Le Sieur Grotteau, Contrôleur de la bouche, les Sieurs Gaut & Chamois, Contrôleurs d'Office, mettoient les viandes sur la table.

Le Maréchal de Bellefonds servoit la Reine; le Sieur Courtet, Contrôleur d'office, servoit Madame; le Sieur de la Grange, aussi Contrôleur d'office, mettoit sur la table; les cent Suisses de la garde portoient les viandes, & les pages & valets de pied du Roi, de la Reine, de Monsieur & de Madame, fervoient les tables de leurs Majeſtés.

Dans le même-tems que l'on portoit ſur ces deux tables, il y en avoit huit autres que l'on ſervoit de la même maniere, qui étoient dreſſées ſous les quatre tentes dont j'ai parlé, & ces tables avoient leurs Maîtres d'Hôtel, qui faiſoient porter les viandes par les gardes Suiſſes. La premiere étoit celle,

De Madame la Comteſſe de Soiſſons, de 20 couverts.
De Madame la Princeſſe de Bade, de 20 couverts.
De Madame la Ducheſſe de Crequy, de 20 couverts.
De Madame la Maréchale de la Mothe,
 de . . . . 20 couverts.
De Madame de Montauſier, de . . 40 couverts.
De Madame la Maréchale de Bellefonds,
 de . . . . . . 65 couverts.
De Madame la Maréchale d'Humieres,
 de . . . . . . 20 couverts.
De Madame de Béthune, de . . 20 couverts.

Il y en avoit encore trois autres dans une petite allée à côté de celle que tenoit Madame la Maréchale de Bellefonds, de quinze à ſeize couverts chacune, dont les Maîtres d'Hôtel du Roi avoient le ſoin.

Quantité d'autres tables ſe ſervoient de la deſſerte de la Reine, & des autres, pour les femmes de la Reine & pour d'autres perſonnes.

Dans la grotte, proche du Château, il y eut trois tables pour les Ambaſſadeurs, qui furent ſervies en même-tems, de vingt-deux couverts chacune.

Il y avoit encore en pluſieurs endroits des tables dreſſées, où l'on donnoit à manger à tout le monde ; & l'on peut dire que l'abondance des viandes, des vins & des liqueurs, la beauté & l'excellence des fruits & des confitures, & une infinité d'autres choſes délicatement apprêtées, faiſoient bien voir que la magnificence du Roi ſe répandoit de tous côtés.

Le Roi s'étant levé de table pour donner un

nouveau divertiſſement aux Dames, & paſſant par le portique où l'allée monte vers le Château, les conduiſit dans la Salle du Bal.

A deux cens pas de l'endroit où l'on avoit ſoupé, & dans une traverſe d'allées qui forme une eſpace d'une vaſte grandeur, l'on avoit dreſſé un édifice d'une figure octogone, haut de plus de neuf toiſes, & large de dix. Toute la Cour marcha le long de l'allée, ſans s'appercevoir du lieu où elle étoit; mais comme elle eut fait plus de la moitié du chemin, il y eut une paliſſade de verdure, qui s'ouvrant tout d'un coup de part & d'autre, laiſſa voir au travers d'un grand portique, un Sallon rempli d'une infinité de lumieres, & une longue allée au-delà, dont l'extraordinaire beauté ſurprit tout le monde.

Ce Bâtiment n'étoit pas tout de feuillages, comme celui où l'on avoit ſoupé, il repreſentoit une ſuperbe Salle, revêtue de marbre & de porphyre, & ornées ſeulement en quelques endroits de verdure & de feſtons. Un grand portique de ſeize pieds de large & de trente-deux de haut, ſervoit d'entrée à ce riche Sallon; il avançoit environ trois toiſes dans l'allée, & cette avance ſervoit encore de veſtibule, & faiſoit ſymétrie aux autres enfoncemens qui ſe rencontroient dans les huit côtés. Du milieu du portique pendoient de grands feſtons de fleurs, attachés de part & d'autre. Aux deux côtés de l'entrée, & ſur deux piedeſtaux, on voyoit des thermes repreſentant des Satyres, qui étoient-là comme les gardes de ce beau lieu. A la hauteur de huit pieds, ce Sallon étoit ouvert par les ſix côtés entre la porte par où l'on entroit, & l'allée du milieu; ces ouvertures formoient ſix grandes arcades qui ſervoient de tribunes, où l'on avoit dreſſé pluſieurs ſieges en forme d'amphitéatres, pour aſſeoir plus de ſix-vingt perſonnes dans chacune. Ces enfoncemens étoient ornés de feuillages qui, venant à se terminer contre les pilastres & le haut des arcades, y montroient assez que ce bel endroit étoit paré comme à un jour de fête, puisque l'on y mêloit des feuilles & des fleurs pour l'orner, car les impostes & les clefs des arcades étoient marqués par des festons & des ceintures de fleurs.

Du côté droit, dans l'arcade du milieu, & au haut de l'enfoncement étoit une grotte de rocaille, où, dans un large bassin travaillé rustiquement, l'on voyoit Arion porté sur un Dauphin, & tenant une lyre, il avoit à côté de lui deux Tritons; c'étoit dans ce lieu que les Musiciens étoient placés. A l'oposite, l'on avoit mis tous les Joueurs d'instrumens; l'enfoncement de l'arcade où ils étoient, formoit aussi une grotte, où l'on voyoit Orphée sur un rocher, qui sembloit joindre sa voix à celle des deux Nymphes assises auprès de lui. Dans le fond des quatre autres arcades, il y avoit d'autres grottes, où par la gueule de certains monstres, sortoit de l'eau qui tomboit dans des bassins rustiques, d'où elle s'échappoit entre des pierres, & dégoutoit lentement parmi la mousse & les rocailles.

Contre les huit pilastres qui formoient ces arcades, & sur des piedestaux de marbre, l'on avoit posé huit grandes figures de femmes, qui tenoient dans leurs mains divers instrumens, dont elles sembloient se servir pour contribuer au divertissement du Bal.

Dans le milieu des piedestaux, il y avoit des masques de bronze doré, qui jettoient de l'eau dans un bassin. Au bas de chaque piedestal, & des deux côtés du même bassin, s'élevoient deux jets d'eau qui formoient deux Chandeliers. Tout autour de ce Sallon, régnoit un siege de marbre, sur lequel, d'espace en espace, étoient plusieurs vases remplis d'orangers.

Dans l'arcade qui étoit vis-à-vis de l'entrée, & qui servoit d'ouverture à une grande allée de verdure, l'on voyoit encore, sur deux piédestaux, deux figures qui representoient Flore & Pomone. De ces piédestaux, il en sortoit de l'eau comme de ceux du sallon.

Le haut du sallon s'élevoit au-dessus de la corniche par huit pans, jusqu'à la hauteur de douze pieds ; puis formant un platfonds de figure octogone, laissoit dans le milieu, une ouverture de pareille forme, dont l'enfoncement étoit de cinq à six pieds. Dans ces huit pans, étoient huit grands soleils d'or, soutenus de huit figures, qui representoient les douze mois de l'année avec des signes du zodiaque ; le fond étoit d'azur, semé de fleurs de lys d'or ; & le reste enrichi de roses, & d'autres ornemens d'or, d'où pendoient trente-deux lustres, portant chacun douze bougies.

Outre toutes ces lumieres, qui faisoient le plus beau jour du monde, il y avoit dans les six tribunes, vingt-quatre plaques, dont chacune portoient neuf bougies ; & aux deux côtés des huit pilastres, au-dessus des figures, sortoient de la feuillée des grands fleurons d'argent, en forme de branche d'arbre, qui soutenoient treize chandeliers disposés en pyramides. Aux deux côtés de la porte, & dans l'endroit qui servoit comme de vestibule, il y avoit six grandes plaques en ovale, enrichies de chiffres du Roi ; chacune de ces plaques portoit seize chandeliers, allumés de seize bougies.

L'allée qui aboutit au milieu de ce sallon, avoit plus de vingt pieds de large ; elle étoit toute défeuillée, de part & d'autre, & paroissoit découverte par le haut ; par les côtés, elle sembloit accompagnée de huit cabinets, où, à chaque encognure, l'on voyoit sur des piédestaux de marbre, des thermes, qui representoient des Satyres ; à l'endroit où étoient ces thermes, les cabinoient se fermoient en berceau.

Au bout de l'allée, il y avoit une grotte de rocaille, où l'art étoit si heureusement joint à la nature, que parmi les figures qui l'ornoient, on y voyoit cette belle négligence & cet arrangement rustique, qui donne un si grand plaisir à la vue.

Au haut, & dans le lieu le plus enfoncé de la grotte, on découvroit une espece de masque de bronze doré, représentant la tête d'un monstre marin. Deux Tritons argentés ouvroient les deux côtés de la gueule de ce masque, duquel s'élevoit en forme d'aigrette un gros bouillon d'eau, dont la chûte augmentant celle qui sortoit de la gueule extraordinairement grande, faisoit une nappe, qui se répandoit dans un grand bassin d'où ces deux Tritons sembloient sortir.

De ce bassin se formoit une autre grande nappe, accompagnée de deux gros jets d'eau que des animaux d'une figure monstrueuse vomissoient en se regardant l'un l'autre. Ces deux animaux qui ne paroissoient qu'à demi hors de la roche, étoient aussi de bronze doré. De cette quantité d'eau qu'ils jettoient, & de celle de ce bassin qui tomboit dans un autre beaucoup plus grand, il se formoit une troisieme nappe, qui, couvrant tout le bas du rocher, & se déchirant inégalement contre les pierres d'en bas, faisoit paroître des éclats si beaux & si extraordinaires, qu'on ne les peut bien exprimer.

Cette abondance d'eau, qui, comme un agréable torrent, se précipitoit de la sorte par différentes chûtes, sembloit couvrir le rocher de plusieurs voiles d'argent qui n'empêchoient pas qu'on ne vît la disposition des pierres & des coquillages, dont les couleurs paroissoient encore avec plus de beauté parmi la mousse mouillée, & au travers de l'eau qui tomboit en bas, où elle formoit de gros bouillons d'écume.

De ce dernier endroit, où toute cette eau finissoit sa chûte dans un quarré qui étoit au pied de la grotte, elle se divisoit en deux canaux, qui, bordant les deux côtés de l'allée, venoient à se terminer dans un grand bassin, dont la figure étoit d'un quarré long, augmenté par les quatre côtés de quatre demi-ronds, lequel séparoit l'allée d'avec le sallon ; mais cette

DE VERSAILLES, en 1668.

eau ne couloit pas, sans faire paroître mille beaux effets; car, vis-à-vis des huit cabinets, il y avoit dans chaque canal deux jets d'eau, qui formoient de chaque côté seize lances de douze ou quinze pieds de haut; & d'espace en espace, l'eau de ces canaux, venant à tomber, faisoit des cascades qui composoient autant de petites nappes argentées, dont la longueur de chaque canal étoit agréablement interrompue.

Ces canaux étoient bordés de gazon de part & d'autre; & du côté des cabinets & entre les thermes qui en marquoient les encoignures, il y avoit dans de grands vases, des orangers chargés de fleurs & de fruits; & le milieu de l'allée étoit d'un sable jaune qui partageoit les deux lisieres de gazon.

Dans le bassin qui séparoit l'allée d'avec le sallon, il y avoit un grouppe de quatre dauphins dans des coquilles de bronze doré, posées sur un petit rocher; ces quatre dauphins ne formoient q'une seule tête, qui étoit renversée, & qui, ouvrant la gueule en haut, poussoit un jet d'eau d'une grosseur extraordinaire. Après que cette eau qui s'élevoit de plus de trente pieds de haut, avoit frappé la feuillée avec violence, elle retomboit dans le bassin en mille petites boules de cryftal.

Aux deux côtés de ce bassin, il y avoit quatre grandes plaques en ovale, chargées chacune de quinze bougies; mais comme toutes les autres lumieres qui éclairoient cette allée, étoient cachées derriere les pilastres & les thermes qui marquoient les cabinets, l'on ne voyoit qu'un jour universel qui se répandoit si agréablement dans tout ce lieu, & en découvroit les parties avec tant de beauté, que tout le monde préféroit cette clarté à la lumiere des plus beaux jours. Il n'y avoit point de jet d'eau qui ne fît paroître mille brillans; & l'on reconnoissoit principalement dans ce lieu & dans la grotte où le Roi avoit soupé, une diftribution d'eaux si belle & si extraordinaire, que jamais il ne s'eſt rien vu de pareil. Le ſieur Joli, qui en avoit eu la conduite, les avoit ſi bien ménagées, que, produiſant toutes des effets différens, il y avoit encore une union & un certain accord, qui faiſoit paroître par-tout une agréable beauté, la chûte des unes ſervant, en pluſieurs endroits, à donner plus d'éclat à la chûte des autres. Les jets d'eau, qui s'élevoient de quinze pieds ſur le devant des deux canaux, venoient peu à peu à ſe diminuer de hauteur & de force, à meſure qu'ils s'éloignoient de la vue; de ſorte que, s'accordant avec la belle maniere dont l'on avoit diſpoſé l'allée, il ſembloit que cette allée, qui n'avoit guere plus de quinze toiſes de long, en eût quatre fois davantage, tant toutes choſes étoient bien conduites.

Pendant que, dans un ſéjour ſi charmant, leurs Majeſtés & toute la Cour prenoient le divertiſſement du Bal, à la vue de ces beaux objets, & au bruit de ces eaux qui n'interrompoient qu'agréablement le ſon des inſtrumens, l'on préparoit ailleurs d'autres ſpectacles, dont perſonne ne s'éoit apperçu, & qui devoit ſurprendre tout le monde. Le ſieur Giſſey, outre le ſoin qu'il avoit pris du lieu où le Roi avoit ſoupé, & des deſſeins de tous les habits de la Comédie; ſe trouvant encore chargé des illuminations qu'on devoit mettre au château, & en pluſieurs endroits du parc, travailloit à mettre toutes ces choſes en ordre, pour faire que ce beau divertiſſement eût une fin auſſi heureuſe & auſſi agréable, que le ſuccès en avoit été favorable juſqu'alors; ce qui arriva en effet par les ſoins qu'il y prit; car en un moment toutes les choſes furent ſi bien ordonnées, que quand leurs Majeſtés ſortirent du bal, elles apperçurent le tour du fer à cheval & le Château tout en feu; mais d'un feu ſi agréable, que cet Elément qui ne paroît guere dans l'obſcurité de la nuit ſans donner de la crainte & de la frayeur, ne cauſoit que du plaiſir & de l'admiration. Deux cens vaſes de quatre pieds de haut de plufieurs façons, & ornés de différentes manieres, entouroient ce grand efpace qui enferme les parterres de gazon, & qui forme le fer à cheval. Au bas des degrés qui font au milieu, on voyoit quatre figures reprefentant quatre fleuves; & au-deffus, fur quatre piedeftaux qui font aux extrêmités des rampes, quatre autres figures, qui reprefentoient les quatre parties du monde. Sur les angles du fer à cheval, & entre les vafes, il y avoit trente-huit candélabres ou chandeliers antiques de fix pieds de haut; & ces vafes, ces candélabres, & ces figures étant éclairées de la même forte que celles qui avoient paru dans la frife du fallon où l'on avoit foupé, faifoient un fpectacle merveilleux. Mais la Cour étant arrivée au haut du fer à cheval, & découvrant encore mieux tout le Château, ce fut alors que tout le monde demeura dans une furprife qui ne fe peut connoître qu'en la reffentant.

Il étoit orné de quarante-cinq figures. Dans le milieu de la porte du Château, il y en avoit une qui reprefentoit Janus; & des deux côtés, dans les quatorze fenêtres d'en bas, l'on voyoit différens trophées de guerre. A l'étage d'en haut, il y avoit quinze figures qui reprefentoient diverfes vertus, & au-deffus, un foleil avec des lyres, & d'autres inftrumens ayant rapport à Apollon, qui paroiffoient en quinze différens endroits. Toutes ces figures étoient de diverfes couleurs, mais fi brillantes & fi belles, que l'on ne pouvoit dire fi c'étoient différens métaux allumés, ou des pierres de plufieurs couleurs qui fuffent éclairées par un artifice inconnu. Les baluftrades qui environnent le foffé du Château, étoient illuminées de la même forte, & dans les endroits où durant le jour on avoit vu des vafes remplis d'orangers & de fleurs; l'on y voyoit cent vafes de diverfes formes allumés de différentes couleurs.

De fi merveilleux objets arrêtoient la vue de tout

le monde, lorsqu'un bruit, qui s'éleva vers la grande allée, fit qu'on se tourna de ce côté-là ; aussi-tôt on la vit éclairée, d'un bout à l'autre, de soixante & douze thermes faits de la même maniere que les figures qui étoient au Château, & qui la borderent des deux côtés. De ces termes il partit en un moment un si grand nombre de fusées, que les unes, se croisant sur l'allée, faisoient une espece de berceau, & les autres s'élevant tout droit, & laissant jusques en terre une grosse trace de lumiere, formoient comme une haute palissade de feu. Dans le tems que ces fusées montoient jusqu'au Ciel, & qu'elles remplissoient l'air de mille clartés plus brillantes que les étoiles, l'on voyoit, tout au bas de l'allée, le grand bassin d'eau qui paroissoit une mer de flamme & de lumiere, dans laquelle une infinité de feux plus rouges & plus vifs sembloient se jouer au milieu d'une clarté plus blanche & plus claire.

A de si beaux effets, se joignit le bruit de plus de cinq cens boëtes qui, étant dans le grand parc, & fort éloignées, sembloient être l'écho de ces grands éclats dont les grosses fusées faisoient retentir l'air, lorsqu'elles étoient en haut.

Cette grande allée ne fut guere en cet état, que les trois bassins de fontaines qui sont dans le parterre de gazon, au bas du fer à cheval, parurent trois sources de lumieres. Mille feux sortoient du milieu de l'eau, qui, comme furieux & s'échappant d'un lieu où ils auroient été retenus par force, se répandoient de tous côtés sur les bords du parterre. Une infinité d'autres feux sortant de la gueule des lézards, des crocodiles, des grenouilles, & des autres animaux de bronze qui sont sur les bords des fontaines, sembloient aller secourir les premiers, &, se jettant dans l'eau sous la figure de plusieurs serpens, tantôt séparément, tantôt joints ensemble par gros pelotons, lui faisoient une rude guerre. Dans ces combats, accompagnés de bruits épouventables; & d'un embrasement qu'on ne peut representer, ces deux élémens étoient si étroitement mêlés ensemble, qu'il étoit impossible de les distinguer. Mille fusées qui s'élevoient en l'air paroissoient comme des jets d'eau enflammés; & l'eau qui bouillonnoit de toutes parts, ressembloit à des flots de feu, & à des flammes agitées.

Bien que tout le monde sçut que l'on préparoit des feux d'artifice, néanmoins, en quelque lieu qu'on allât durant le jour, l'on n'y voyoit nulle disposition; de sorte que, dans le tems que chacun étoit en peine du lieu où ils devoient paroître, l'on s'en trouva tout d'un coup environné; car, non-seulement ils partoient de ces bassins de fontaines, mais encore des grandes allées qui environnent le parterre; & en voyant sortir de terre mille flammes qui s'élevoient de tous côtés, l'on ne sçavoit s'il y avoit des canaux qui fournissoient cette nuit-là autant de feux, comme pendant le jour on avoit vu des jets d'eau qui rafraîchissoient ce beau parterre. Cette surprise causa un agréable désordre parmi tout le monde, qui, ne sçachant où se retirer, se cachoit dans l'épaisseur des boccages, & se jettoit contre terre.

Ce spectacle ne dura qu'autant de tems qu'il en faut pour imprimer dans l'esprit une belle image de ce que l'eau & le feu peuvent faire; quand ils se rencontrent ensemble, & qu'ils se font la guerre; & chacun croyant que la fête se termineroit par un artifice si merveilleux, retournoit vers le château, quand, du côté du grand étang, l'on vit tout d'un coup le Ciel rempli d'éclairs, & l'air d'un bruit qui sembloit faire trembler la terre; chacun se rangea vers la grotte pour voir cette nouveauté, & aussi-tôt il sortit de la tour de la pompe qui éleve toutes les eaux, une infinité de grosses fusées, qui remplirent tous les environs de feu & de lumiere. A quelque hauteur qu'elles montassent, elles laissoient attachée à la tour une grosse queue, qui ne s'en séparoit point, que la fusée n'eût rempli l'air d'une infinité d'étoiles qu'elle y alloit répandre. Tout le haut de cette tour sembloit être embrasé, & de moment en moment, elle vomissoit une infinité de feux, dont les uns s'élevoient, jusqu'au Ciel, & les autres ne montant pas si haut, sembloient se jouer par mille mouvemens agréables, qu'ils faisoient. Il y en avoit même, qui, marquant les chiffres du Roi par leurs tours & retours, traçoient dans l'air de doubles L, toutes brillantes d'une lumiere très-vive & très-pure. Enfin, après que de cette tour il fut sorti, à plusieurs fois, une si grande quantité de fusées que jamais on n'a rien vu de semblable, toutes ces lumieres s'éteignirent ; &, comme si elles eussent obligé les étoiles du Ciel à se retirer, l'on s'apperçut que, de ce côté-là, la plus grande partie ne se voyoit plus, mais que le jour jaloux des avantages d'une si belle nuit, commençoit à paroître.

Leurs Majestés prirent aussi-tôt le chemin de S. Germain avec toute la Cour, & il n'y eut que Monseigneur le Dauphin qui demeura dans le château.

Ainsi finit cette grande fête, de laquelle, si on remarque bien toutes les circonstances, on verra qu'elle a surpassé en quelque façon ce qui a jamais été fait de plus mémorable. Car, soit que l'on regarde comme en si peu de tems l'on a dressé des lieux d'une grandeur extraordinaire pour la Comédie, pour le souper & pour le bal, soit que l'on considere les divers ornemens dont on les a embellis, le nombre des lumieres dont on les a éclairés, la quantité d'eau qu'il a fallu conduire, & la distribution qui en a été faite, la somptuosité des repas où l'on a vu une quantité de toutes sortes de viandes qui n'est pas concevable ; & enfin toutes les choses nécessaires à la magnificence de ces spectacles, & à la conduite de tant de différens ouvriers, on avouera qu'il ne s'est jamais rien fait de plus surprenant & qui ait causé plus d'admiration.

Fin du Tome cinquième.

www.ingramcontent.com/pod-product-compliance
Lightning Source LLC
Chambersburg PA
CBHW071330150426
43191CB00007B/690